화교가 없는 나라

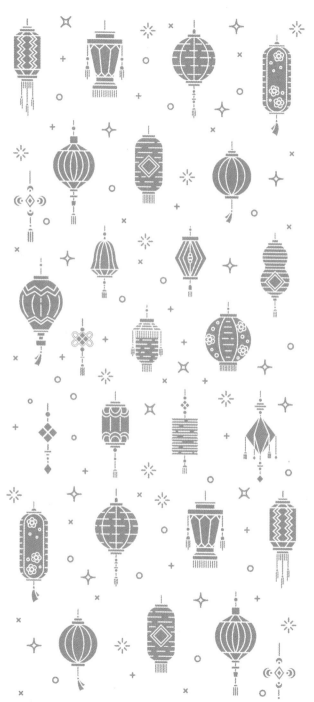

경계 밖에 선 한반도화교 137 년의 기록

화교가 없는 나라

이정희 지음

동아시아

경계 밖의 사람들을 향한 응시,
화교가 없는 나라

박찬일(셰프, 음식 칼럼니스트)

"어른들은 무관심하게 그러나 경멸하는 어조로 '되놈들'이라고 말했다. 우리는 그들과 전혀 접촉이 없었음에도 언덕 위의 이층집, 그 속에 사는 사람들은 한없이 상상과 호기심의 효모酵母였다. 그들은 우리에게 밀수업자, 아편쟁이, 원수의 생간을 내어 형님도 한 점(후략)."

_ 오정희 소설 『중국인 거리』 중

　내 삶의 근린에는 늘 화교가 있었다. 그러나 우리가 세속에서 그들을 '화교'라고 부른 시절은 그리 오래지 않다. 소설에서처럼 경멸의 이칭으로 부르곤 했다. 우리는 이 이민족과 오래 살아왔지만, 제대로 이해한(하려고 노력한) 적이 거의 없었다. 저자 이정희 선생이 이 척박한 땅에서 화교 연구를 시작할 때 겪은 충격적인 경험도 여기서 비롯한다. 화교학교를 들러 인터뷰할 때 학생들이 외친 그 말들. "한국인이 싫어요!" 차별과 경멸로 화교를 대해온 한국인에 대한 어린 학생들의 절규였다.

내가 읽은 한 화교의 글에는 이런 대목도 나온다. 중국음식점을 경영하던 중국인 아버지가 한국인 손님의 식탁에 앉아서 분노에 찬 목소리로 이렇게 말했다.

"그래, 내가 바로 그 짱깨다!"

한 손님이 "여기 짱깨 한 그릇!" 했던 주문의 대답이었다고 한다. 알다시피 짱깨는 우리가 화교를 뒷골목에서 낮춰 부르는 욕된 호칭이다. 이 책에서도 깊게 다루고 있지만 오랜 화교 혐오 내지는 불화의 역사는 아직도 상처를 남기고 있고, 책임 있는 치료와 화해의 모색은 여전히 요원하다.

내가 어렸을 때만 해도 도시 곳곳에 중국음식점이 있었다. 보통 중국집이라고 부르는. 화교는 우리가 당시 만날 수 있는 거의 유일한 외국인이었다. 중국집에 간다는 건, 일종의 외래 음식과 문화를 접하는 중요한 접촉 창구였다. 그들끼리 중국어를 썼고, 음식의 맛도 이색적이었기 때문이다. 중국인, 화교, 그래 짱깨(!)는 나의 관심사였다. 내가 요리사이니, 같은 요리사의 동질감 같은 것이 존재했다. 화교에 대한 관심도 그렇게 증폭됐다. 그들의 삶이 늘 궁금했다. 어떤 은퇴한 화교 요리사의 생신 잔치에 가본 적이 있었다. 그들의 식탁은 화교의 현실을 그대로 반영해주는 의미심장한 음식으로 채워져 있었다. 산둥식의 온갖 요리들 사이에 두어 가지의 김치와 한국요리가 함께 놓여 있었던 것이다. 모인 화교들은 중국어와 한국어를 섞어 대화했다.

화교는 한국에 살면서 중국인의 정체성과 한국으로의 동화가 동시에 이루어지고 있는 셈이었다. 그들은 친절하고 인내심 강한 이웃으로 이곳에서 살아왔다. 세금을 내며, 한국인 친구를 가지고 있다. 한국인과 혼인한 경우도 아주 많아서 이미 혈통적으로는 한국인의 피가 훨씬 더 강하다고 한다. 그러나 우리가 그들에게 보인 차별의 역사는 차마 옮기기도 불편하다. 본문에서도 확인할 수 있듯이 '만보산사건'은 물론이고, 박정희 정권 치하에서 행해졌던 거친 대접은 화교 역시 한국인과 한국 정부에 대한 깊은 불신의 역사를 심게 했다.

　　우리 화교사의 차별 역사는 이정희 선생이 잘 정리해주고 있는데, 내가 겪은 대목에서는 이런 것도 있다. 대구의 화교 어른을 만났다. 그의 얘기 중에 기억나는 대목이 있다. 바로 영주권 문제다. 그가 대수롭지 않게 말했지만 잊히지 않는다.

　　"내가 한국에서 태어나 어른이 되고 세금 내고 자식 키우고 살았어요. 그런데도 우리는 그냥 난민이었어요. 상징적인 뜻이 아니라 진짜 난민이었다고."

　　그가 가지고 있던 비자는 오랫동안 영주권이 보장되지 않는 F2였다.

　　우리는 재일동포의 법적 지위에 대한 문제를 오랫동안 접해왔다. 일본 정부의 한국인(조선인) 차별 대우 문제에 대해 우리의 분노는 여전하다. 그러자면 우리는 떳떳한가 되물을 필요가 있다. 주한 화교에 대한 우리의 오랜 불평등과 차별에 대해 사과하고, 그 진실을 알기 위해 노력하는 것도 중요하다. 그런 점에서 이정희 선생의 이 책이 우리에게 큰 자극과 교범이 되리라 생각한다. 화교가 없는 나라. 이처럼 의미심장한 제목도 달리 없을 듯하다. 경계 밖의 사람들이었던 화교에 대한 깊은 관심과 애정으로 역작을 준비한 저자께 깊은 존경과 감사를 드린다. 아마도 이 책이 역사적인 화교 문제에 대한 가장 건실하고 의미 있는 저작일 것이다. 깊게 읽어보시길 권한다.

일러두기

- 본문 중에서 중국 인명은 우리나라 한자음으로 표기하고 한자를 병기했다.
- 중국 지명은 현재 사라진 곳도 있으므로 우리나라 한자음으로 우선 표기하고, 최초 출현 시 한자와 중국 한자음을 병기했다.
- 본문에서 단행본은 『』, 저널·언론 매체는《 》, 논문, 보고서, 법률, 조약 등은「」, 기사는〈 〉로 구분했다.
- 중국 청조의 국명은 청국淸國으로 통일했다. 중화민국 건국 이후의 중국정부의 명칭은 중화민국북경정부, 중화민국남경국민정부, 중일전쟁 이후 수립된 지방정권은 중화민국임시정부, 중화민국유신정부, 중화민국 왕정위 남경국민정부로 그리고 수도를 중경重慶으로 이전한 장개석 국민정부는 중화민국중경국민정부로 각각 표기했다.
- 서울은 일제강점기 이전은 한성漢城, 그 이후는 경성京城으로 불렸지만, 본문에서는 서울로 통일했다. 단, 주경성중화민국총영사관과 같이 고유명사인 경우는 한성과 경성으로 표기했다.

　　화교를 처음 만난 것은 대학교 1학년인 1987년이었다. 덕유산 등산을 갔다가 돌아오는 길에 들른 근처 중화요리점에서였다. 짜장면을 먹다 벽에 걸린 장개석蔣介石 사진을 보고 가게 주인에게 물었다. "저분 장개석 맞지요?" 어떻게 아느냐고 주인이 나를 칭찬했다. 당시에 나는 장개석 사진이 왜 그곳에 걸려 있었는지 그 이유를 몰랐고, 그게 내가 기억하는 화교와의 첫 만남이다.

　　화교를 다시 만난 건 그로부터 12년 후인 1999년이다. 당시 기자였던 나는 일본 오사카의 코리아타운인 쓰루하시鶴橋에서, 평소 존경하는 재일사학자 강재언 교수를 인터뷰하고 있었다. 그는 소주를 몇 잔 마시더니 자신의 고뇌를 나에게 털어놨다. 강 교수는 일본의 여러 도시에서 강연을 할 때, 일본인의 재일한국인에 대한 차별문제를 성토하는 이야기를 자주 했다고 한다. 강연 후 몇몇 청중으로부터 감사의 편지를 받곤 했는데, 어느 날은 "한국의 화교가 얼마나 한국사회에서 차별을 받고 있는지 선생님은 알고 계시는지요?"라는 항의성 편지를 접했다고 한다. 이후에도 몇 번이나 이러한 내용의 편지를 받은 강 교수는 강연에서 일본인의 재일한국인 차별문제를 더 이상 말할 수 없게 되었다는 것이다.

강 교수는 한국의 일본 주재 특파원들에게 한국화교가 처한 상황을 물어보았지만 돌아오는 것은 모두 잘 모르겠다는 답뿐이었다. 국내에 돌아가면 꼭 특집으로 한국화교 문제를 다루어달라고 부탁했지만 어느 누구도 들어주지 않았다. 강 교수의 말을 듣고 그날 나는 처음으로 한국에도 화교가 살아가고 있고, 그들이 차별받으며 살고 있다는 사실을 알게 되었다. 강 교수는 취기가 돌자, "자네가 꼭 한국화교를 취재해서 특집으로 다루어주기를 바라네"라고 간곡히 부탁했다. 존경하는 강 교수의 말씀이기도 해서, 그냥 "네, 알겠습니다"라고 약속해버렸다.

일본에서 돌아와 한동안 강 교수와 한 약속을 잊고 있었다. 한국화교 문제에 어떻게 접근해야 할지 방법을 몰랐을 뿐 아니라, 당시화교와 관련해서는 책도 논문도 거의 없었던 시대였기 때문이다. 그러던 어느 날 선배 기자가 대구 시내 종로에 가면 화교협회와 화교학교가 있다는 것을 알려주었다. 바로 화교협회 사무실로 달려가 인사를 한 후, 화교를 취재하고 싶다고 부탁했다. 화교협회의 총무는 나에게 그냥 돌아가라고 말했다. 한국인에 대한 강한 불신과 언짢은 심정을 직감하는 순간이었다. 나도 기자정신을 발휘하여 물러서지 않고 화교협회장을 만나게 해달라고 재차 간청했고 협회장 연락처를 얻을 수 있었다.

이지강 대구화교협회장의 안내로 대구화교중학 고등부 3학년 교실에 들어가 학생들을 대상으로 인터뷰를 했다. 인터뷰 도중, "여러분은 한국인을 어떻게 생각하세요?"라고 질문을 던졌다. 그때 한 남학생이 일어나더니, 분노에 찬 목소리로 "한국인, 정말 싫어요!"라고 외쳤다. 그 학생의 외침에서 화교 청소년의 한국사회에 대한 울분을 느낄 수 있었다. 당시 나는 대구의 '정신대할머니와 함께하는 시민모임'의 사무국장으로 봉사하면서 일본군 '위안부' 할머니의 비통한 증언을 많이 접하고 있던 터라 이 화교 청소년의 외침이 단순하게 들리지 않았다.

나는 이때부터 기자로서 한국사회의 화교에 대한 차별문제와 처한 상황을 한국사회에 고발해야 한다는 사명감을 느꼈다. 한국화교 관련 자료가 턱없이 부족한 때라 대구는 물론이고 인천, 서울을 방문하여 화교를 인터뷰했다. 이러한 인터뷰를 바탕으로 〈대구의 화교〉 특집기사를 6회나 연재했다. 빈약한 내용의 특집이었지만, 이것이 한국 신문 사상 기자가 쓴 첫 한국화교 관련 특집이었다. 강 교수에게 특집기사를 모아 오사카의 자택으로 보냈더니 매우 기뻐했다.

그러던 차에 2000년 4월부터 일본의 대학에서 교편을 잡는 행운이 찾아왔다. 한국화교 특집기사를 쓴 이후 화교에 대한 궁금증은 더 깊어져가고 있었다. 당시 한국은 '차이나타운 없는 나라'로 야유를 받을 정도로 화교의 경제력이 취약했다. 하지만 연구를 통해 근대에는 그렇지 않았다는 것을 알게 되었고, 한국인 사회와 다른 화교 사회의 특징을 알 수 있었다. 한국화교의 역사를 근대 시기부터 거슬러 올라가 통시적으로 분석할 필요성을 절감했다. 이러한 문제의식과 강 교수의 강한 권유로 나의 화교 연구는 한국이 아니라 일본에서 본격적으로 시작됐다.

화교 연구를 하면서 나의 가족사에도 자연스럽게 관심을 가지게 되었다. 나의 조부는 나의 고향이기도 한 경북 성주군 대가면 옥련동에서 1930년대 만주 봉천奉天(펑톈, 현재의 심양瀋陽(선양)시의 옛 지명)으로 이민을 갔다. 고향의 경제적 형편이 어려워 새로운 활로를 찾아 만주로 이주해 그곳에서 쌀농사를 지었다. 봉천에서 꽤 넓은 농토에 쌀농사를 지을 정도로 나름대로 성공을 했지만, 일본 패전 이후 모든 재산을 그곳에 놔둔 채 고향으로 향했다. 귀향 당시 조모는 만삭의 몸이었다. 1946년 귀향 도중 북한의 어느 지역에서 출산을 했는데, 바로 그 아이가 나의 부친이다.

외조부와 외조모도 같은 성주군 출신으로 가난을 벗어나기 위해 일본 히로시마廣島로 이주하여 그곳에서 고물상을 하면서 살았다. 나의 모친은 히로시마에서 1945년 3월 장녀로 태어났다. 외조부와 외조모는 어떤 위험을 예감한 것인지 장남과 갓 태어난 장녀를 데리고 히로시마를 떠났는데, 고향에 도착한 것은 1945년 7월 31일이었다. 히로시마에 원자폭탄이 투하된 것은 그로부터 1주일 후인 8월 6일이었다.

나는 양가의 가족사를 알고 온몸에 전율을 느꼈다. 조부와 조모가 그대로 만주에 살았다면 부친은 조선족으로 살았을 것이다. 외조부와 외조모가 히로시마에 계속 살았다면 모친은 피폭을 당했을지 모르고, 피폭을 피했다면 재일한국인으로 살았을 것이다. 만약 그렇게 됐다면 나는 이 세상에 태어나지 못했을 것이다. 그런 한인 디아스포라Diaspora*의 후예가 화교를 연구하고 있다는 사실에, 나는 어떤 운명을 느끼지 않을 수 없었다.

나의 화교 연구는 누구나 품을 만한 의문을 해명하는 데 중점을 두면서 진행됐다. 중국인은 왜 한반도에 이주하여 화교가 된 것일까? 화교 사회는 어떻게 조직되고 작동하고 있었던 것일까? 중국의 한반도 주재 외교기관은 화교를 어떻게 보호했을까? 화교의 정체성을 유지하는 데 화교학교는 어떤 역할을 했을까? 화교는 어떤 종교생활과 문화생활을 영위했을까? 화교와 조선인 및 한국인은 어떤 관계에 있었으며 서로를 어떻게 인식하고 있었을까? 화교는 어떤 분야에서 경제 활동을 펼쳤으며 어느 정도의 경제력을 가지고 있었을까? 화교경제는 왜 쇠퇴했을까?

이 책은 이러한 의문에 하나하나 답하는 형태로 전개된다. 이 책이 다루는 역사적 시간은 중국인의 한반도 이주가 본격적으로 이뤄지기 시작한 1882년부터 현재까지의 137년간이다. 역사적 공간은 물론 한반도가 중심이지만 한반도에 국한되지 않는다. 1960년대 말부터 한국에서 대만, 미국, 중국 등 외국으로 재이주한 화교도, 해방 후 북한에서 중국으로 귀국한 화교도 포함된다.

---

* 본토를 떠나 타지에서 자신들의 규범과 관습을 유지하며 살아가는 민족 집단 또는 그 거주지를 말함.

책을 집필하면서 가장 고민한 것은 용어였다. '한국화교'라는 명칭은 '북한화교'를 포괄하지 못한다. 해방 후 자연스럽게 형성된 한국화교와 북한화교는 엄연히 다르기 때문이다. 해방 직전까지의 화교를 일반적으로 '조선화교'라 부른다. 따라서 137년의 조선화교, 한국화교, 북한화교를 모두 아우르는 용어가 마땅치 않았다. 그래서 '한반도화교'라는 용어를 새롭게 만들어냈다.

화교華僑의 사전적 의미는 중국에서 해외로 이주한 중국인으로 거주국의 국적을 취득하지 않고 중국 국적을 보유하고 있는 중국인을 말한다. 화인華人은 중국 국적을 포기하고 거주국의 국적을 취득한 중국인을 가리킨다. 한반도화교 가운데 한국과 북한 국적, 그리고 재이주한 거주국의 국적을 취득한 화인도 있다. 하지만 한반도화인 인구는 그렇게 많지 않다. 또한 한국에서 화인이라는 용어보다 화교를 일반적으로 많이 사용하기 때문에 이 책에서는 화교라는 용어로 통일하고자 한다.

이 책은 한반도화교의 역사를 경제 활동과 사회 활동으로 나눠 구성했다. 나는 한반도화교 연구를 화교의 경제 활동 분석에서 시작했다. 화교 주단포목상점, 주물업 및 양말제조업, 채소재배 및 판매, 건축회사 및 노동자, 그리고 중화요리점, 양복점, 이발소의 순서로 분석했다. 2012년 일본에서 출판한 학술서 『조선화교와 근대동아시아 朝鮮華僑と近代東アジア』는 조선화교와 한국화교의 경제 활동을 주로 분석한 것으로 이 책의 저본이 되었다.

나는 한반도화교의 경제 활동을 분석하면 할수록 화교 사회가 어떻게 조직되고 운영되어 그들의 경제 활동을 지탱하고 있었는지 궁금해졌다. 그래서 화교 사회의 중추를 담당한 중화회관, 중화상회, 화교협회 등의 사회단체에 관한 연구, 그리고 화교 사회가 지속적으로 유지되려면 화교의 교육이 필요하기 때문에 이를 담당하는 화교학교에 관한 연구를 진행했다. 화교 개개인을 마음과 문화로 이어주는 종교 생활도 화교 사회의 버팀목이기에 분석했다. 화교의 활발한 경제 활동과 사회 활동은 조선인 및 한국인과 갈등, 마찰, 그리고 충돌을 야기했는데 그 대표적인 사건이 1927년과 1931년에 발생한 화교배척사건이었다. 나는 이 사건을 화교와 조선인이 서로를 어떻게 인식했는지 어떤 문제가 양자 간에 잠재해 있었는지, 근인近因과 원인遠因은 무엇인지를 중심으로 분석했다. 이 책은 이러한 기존 연구의 성과를 토대로 서술되었다는 점을 밝혀둔다.

하지만 개인의 기존 연구 성과만으로 한반도화교 137년의 역사를 그려내는 것은 불가능하다. 많은 연구자의 훌륭한 연구 성과를 많이 참고했다. 그러나 교양서의 특성을 살리기 위해 주를 가능한 한 달지 않으려 하다 보니 일일이 참고문헌을 달지 못했다. 대신 책 끝에 참고한 문헌을 적어두었다. 특히, 북한화교 관련 내용은 중국 광동외어외무대학廣東外語外貿大學의 송오강 교수의 기존 연구를 많이 참고했고, 많은 지도를 받았음을 밝혀둔다.

이 책은 137년 한반도화교 역사를 시기별로 구분하여 통시적으로 서술하지 않고 각 주제별로 나눠 서술했다. 경제와 사회 활동은 서로 별개로 존재하는 것이 아니라 수레의 양 바퀴처럼 같이 움직이기 때문이다. 한반도화교의 역사를 보다 간단하면서도 통합적으로 보려는 하나의 시도임을 이해해주기 바란다. 그리고 한반도화교에 대한 이해를 돕기 위해 중국 각 정부의 한반도 주재 외교기관 및 외교관 대표의 명단과, 한반도화교의 연표를 부록으로 넣었다.

책 읽기 전 알아두면 좋을 화교 용어

- **화교華僑**: 해외에 이주한 중국인 가운데 중국 및 대만의 국적을 그대로 보유한 중국인을 말한다. 화인華人은 해외에 이주한 중국인 가운데 귀화하여 거주국의 국적을 취득한 중국인을 말한다.

- **조선화교**는 근대 조선 거주 중국인을 말하며, **한국화교**는 1945년 8월 이후 남한 지역 거주 중국인, **북한화교**는 북한 지역 거주 중국인을 가리킨다.
  한반도화교는 조선화교, 한국화교, 북한화교를 모두 아우르는 용어이다.

- **노老화교**: 근대시기 및 한국전쟁 이전 중국 대륙에서 한국에 이주한 중국인 및 그 후손을 가리킨다. 구舊화교라고도 한다.

- **신新화교**: 1992년 8월 한중 수교 이후 중국 대륙에서 한국으로 이주한 중국인을 가리킨다. 신화교 가운데는 한족 신화교와 조선족 신화교로 구분된다.

- **화공華工**: 화교 노동자를 가리키며 쿨리苦力, Coolie라고도 한다.

- **화상華商**: 상업에 종사하는 화교와 화교 경영의 회사를 가리킨다.

- **화농華農**: 농업에 종사하는 화교 농민을 가리킨다.

한반도화교는 언제, 어디에서 왔을까?

한반도와 중국 대륙은 강안이 좁은 두만강과 압록강을 경계로 이어져 있기 때문에 중국인의 한반도 이주와 조선인의 중국 대륙 이주는 자연스러운 현상이었다. 중국인은 언제 한반도에 본격적으로 이주하여 화교가 되었는지, 이주의 원인은 무엇인지, 그리고 다른 국가 및 지역 이주 중국인과 다른 점은 무엇인지 살펴보자.

화교가 '오무장공사'에서 제사를 지내는 까닭

임진년 정유재란 때 조선에 파견된 마귀麻貴 제독과 이여송李如松의 부관인 두사충杜師忠 후손을 1999년 대구에서 만난 적이 있다. 마귀는 중국으로 돌아갔지만 그의 증손 마순상麻舜裳은 명나라가 망하자 조선에 귀화해 합천 마씨의 시조가 됐다. 두사충 또한 명나라로 돌아가지 않고 그대로 대구에 정착해 한반도 두릉 두씨杜陵杜氏의 시조가 됐다. 두 후손의 자손은 자신들이 중국인의 자손이며 위기에 처한 조선을 구한 공로가 있으므로 자신들을 국가 보훈 대상자로 지정해줄 것을 요청했다. 그런 두사충과 마순상처럼 명나라가 망하고 청나라로 교체되는 1644년을 전후하여 중국에서 조선에 이주한 중국인이 많았다.

중국은 각국의 화교사를, 중국에서 각 나라에 이주한 것을 고대로 거슬러 올라가 통시적인 방법으로 서술한다. 1991년 중국에서 출판된 『조선화교사朝鮮華僑史』는 은나라의 기자가 이끌고 온 5,000명의 유민을 조선화교의 기원으로 본다.

이주의 사실만을 놓고 보면 이들 이주민을 화교라 할 수 있을지 모른다. 그러나 보다 중요한 것은 그들이 이주한 한반도에서 어떤 사회단체를 조직하고 어떻게 중국인으로서 정체성을 유지하면서 경제활동을 영위하였는지의 문제이다. 인도네시아의 수도 자카르타에 이주한 중국인은 그곳에 1742년 화인공당華人公堂을 설립하여, 화인사회의 각종 사무를 처리했다. 지금으로 말하면 화교협회와 같은 조직이다.

화인공당은 1772년부터 사무 처리의 기록을 공식기록인 당안檔案으로 남기기 시작하여 이 활동을 1978년까지 계속했다. 이 자료는 인도네시아 화교를 연구하는 데 중요한 기초사료가 되고 있다. 명·청교체 시기 조선에 이주한 중국인은 화인공당과 같은 사회단체를 설립한 흔적이 보이지 않는다. 이주 중국인 간의 왕래는 있었던 것으로 보이지만 조직화의 단계까지는 이르지 못한 것이다. 물론, 조선정부가 그들의 조직화를 막았을 가능성도 있다. 그런 측면에서 한반도 이주 중국인이 자신들의 정체성을 유지하면서 사회단체를 조직하고 경제 활동을 전개한 것은 근대에 들어서면서부터라고 할 수 있다.

　　매년 음력 5월 23일 서울 마포구 연희동 안산 자락길에 자리 잡은 오무장공사吳武壯公祠에서는 대만의 주한대북대표부의 외교관, 한성화교협회 임원, 한성화교중학의 교사와 학생이 참가한 가운데 엄숙한 제사가 거행된다.

　　이들이 제사를 지내는 대상은 오장경吳長慶(1833~1884)이다. 그는 이홍장李鴻章의 부장으로 태평천국의 난을 진압하는 데 공을 세워 절강제독浙江提督과 광동수사제독廣東水師提督에 임명되었다. 1880년 10월부터 산동성 등주登州(덩저우) 주둔군 사령관으로 근무하던 중, 1882년 임오군란壬午軍亂이 발생하자 명성황후의 요청으로 3,000명 병사를 이끌고 조선에 파견되었다. 그는 조선의 구식군을 진압하고 대원군을 체포하여 중국 천진天津(톈진)으로 압송하고, 명성황후를 다시 권좌에 오르게 한 인물이다. 고종은 임오군란의 진압에 도움을 준 오장경을 감사하게 생각했다. 오장경이 1884년 7월 중국 금주金州(진

저우)에서 사망하자, 고종은 그를 추모하기 위해 1885년 4월 정무사
靖武祠를 세워 제사를 지내게 했다.

정무사가 세워진 곳은 서울시 중구 을지로7가 3번지로 예전의
동대문운동장 바로 옆이었다. 이 자리는 원래 오장경의 군대가 주둔
한 하도감下都監 자리였다. 조선정부는 매년 춘추에 이곳에서 국사國
祀로 제사를 지냈다. 그런데 대한제국이 일본의 압력으로 1908년 7
월 정무사를 폐지하기로 결정하자, 주한청국총영사관은 통감부와 협
의하여 정무사의 관리를 총영사관이 맡는 것으로 합의를 보았다. 총
영사관은 1909년 정무사를 대대적으로 수리하고 명칭도 오무장공
사로 바꾸었다. 무장武壯은 오장경의 시호이다. 이때부터 오장경의
제사는 오무장공사에서 서울 주재 중국 외교 관원과 화교 사회단체
에 의해 지내게 되었다.

오무장공사는 1979년 을지로7가 3번지에서 현재의 한성화교중
학 뒷산으로 이전됐다. 한국에서 오무장공사를 '국치의 유적'이라 하

정무사 시절 오무장
공사 앞에 선 서울
의 화상들
ⓒ 한성화교협회

여 철거해야 한다는 여론이 일어났다. 한국정부가 당시 대만대사관과 협의를 거친 끝에 이전 비용을 제공하는 대신, 대만대사관이 화교중학 뒷산으로 옮기는 것에 동의했다. 1979년 4월 30일 신축 건물이 준공되고 1992년 한 번의 보수공사를 거쳐 지금에 이르고 있다.

그런데 한국화교에게 오장경은 어떤 의미가 있을까? 그가 데리고 온 3,000명의 군사 가운데 군역상인도 포함되어 있었다. 군역상인은 오장경의 비호하에 서울에서 활발한 상업 활동을 전개할 수 있었는데 그들이 한국화교의 비조鼻祖가 된다. 또한 오장경이 임오군란을 진압한 덕분에 청국의 조선에 대한 영향력이 강해졌다. 그것을 상징하는 것이 1882년 10월 양국 간에 체결된 「조청상민수륙무역장정朝清商民水陸貿易章程」이다.

이 장정은 중국인의 조선 이주를 공식적으로 인정하고 그들이 개항장에서 거주 및 상업 활동을 할 수 있도록 보장했다. 그리고 조선 이주 중국인 보호를 위해 청국의 공관을 설치하고 관원을 파견할 수 있도록 했다. 이 장정 체결 후 중국인의 조선 이주가 본격적으로 시작되어 조선화교 사회가 형성된다. 한국화교가 매년 오무장공사에서 제사를 지내는 것은 이러한 연유 때문이다.

청국 조계에서 인천차이나타운으로

한국에서 가장 오래된 차이나타운은 인천차이나타운이다. 차이나타운Chinatown은 중국어로 중화가中華街 혹은 중국성中國城이라 한다. 이곳은 집단거주지로 중화요리점, 각종 상점, 화교학교, 화교 사회단체가 들어서 있어 '리틀 차이나Little China'라 부르기도 한다. 해외의 차이나타운은 고유한 명칭이 있다. 예를 들면, 싱가포르의 차이나타운은 우차수牛車水, 일본의 요코하마차이나타운은 요코하마 중화가, 고베 차이나타운은 고베 난킨마치南京町, Kobe Chinatown, 나가사키 차이나타운은 신치 중화가長崎新地中華街이다.

그런데 인천과 부산의 차이나타운은 원래 청국조계로 시작된 특징이 있다. 근대 중국의 개항장에는 청국의 행정력이 미치지 못하는 서양과 일본의 조계가 설치되어 있었지만, 해외에 청국의 조계가 설치된 곳은 조선의 인천, 부산, 원산밖에 없었다. 인천차이나타운의 명칭은 처음에 청국조계, 조계가 폐지된 이후는 지나정支那町(일본명은 시나마치), 중일전쟁 직전은 미생정彌生町(일본명은 야요이마치), 해방 직후인 1946년에는 선린동으로 각각 바뀌었다. 선린동이 북성동에 통폐합되어 현재의 행정명칭은 북성동으로 되어 있다. 차이나타운이란 명칭은 2000년대 들어 지방자치단체가 관광명소로 지정하기 위해 임의로 붙인 것이다.

인천에 청국조계가 설치된 것은 1884년 4월 2일 민영묵 조선독판교섭통상사의와 진수당陳樹棠 총판조선상무위원 사이에 체결된 「인천구화상지계장정仁川口華商地界章程」에서 비롯됐다. 인천 청국조계는 일본조계에 인접한 곳에 위치한 장방형 모양으로 면적은 8,860제곱미터(2,685평)였다. 조계의 사무는 신동회의紳董會議가 관장했지만, 실질적으로 청국의 인천상무분서(영사관)에서 관리했다. 조계의 토지는 3등급으로 나뉘어 바다에서 가까운 지역이 1등지, 멀어질수록 2등지, 3등지로 구분되었다. 토지는 경매를 통해 차지되었으며, 땅의 차지인은 매년 정해진 차지료의 3분의 1을 상무분서에 납세하고, 상무분서는 다시 인천감리서에 납부했다. 나머지 3분의 2의 차지료는 조계 유지의 비용으로 사용되었다. 이 장정의 제1조에 조계가 더 이상 화교를 수용하지 못할 때는 새로운 조계를 확충하도록 되어 있었

1930년대 인천 지나정 지도(김용하 · 도미이 마사노리 · 도다 이쿠코(2017), 23쪽)

❶ 나가오카 상점長岡商店
❷ 왕성홍/동복공王成鴻/同福公
❸ 청국영사관淸國領事館
❹ 우편소郵便所
❺ 파출소派出所
❻ 산에이구미三榮組
❼ 인천금요회仁川金曜會
❽ 조선은행인천지점朝鮮銀行仁川支店
❾ 인천송함석유조합仁川松函石油組合
❿ 요코타 어구점橫田船具店

다. 이에 따라 원세개袁世凱는 조선정부와 협의하여 1887년 「삼리채확충화계장정三里寨擴充華界章程」을 체결했다. 여기서 삼리는 기존의 청국조계에서 새로 마련된 조계까지의 거리를 말하는 것이며, '채寨'는 중국에서 하부의 행정단위를 뜻한다. 인천화교는 기존의 청국조계를 구계舊界, 삼리채조계를 신계新界라 불렀다. 삼리채조계는 현재 인천시 중구 경동사거리 지역으로 면적은 3,853평에 달했다.

그러나 조선인이 신계에 무단으로 초가집을 짓고 거주했으며, 청일전쟁 직후 조선정부가 청국과 체결한 조약을 모두 폐기했기 때문에 신계의 법적 근거가 모호해졌다. 조선인의 신계 거주는 더욱 증가했다. 신계에 부동산을 보유한 화상華商은 조선인 가옥의 철거를 요구하는 소송을 제기했지만 뜻대로 되지 않았다. 이러한 이유로 신계는 구계와 달리 조선인의 거주자가 많아 차이나타운으로 발전하지 못했다.

부산과 원산에도 청국조계가 설치됐다. 부산 청국조계의 면적은 2만 5,679.41제곱미터(7,782평)로 인천조계보다 훨씬 넓었다. 부산 청국조계의 위치는 현재 부산역 앞 초량동 상해上海(상하이) 거리 부근이었다. 원산 청국조계의 면적은 9,191.1제곱미터(2,785평)였다. 그런데 부산과 원산 청국조계는 인천 청국조계처럼 정식 조약으로 체결되지 않은 채 조성되어 문제가 있었다.

일본은 조선에 설치된 청국조계를 모두 철폐하기 위한 전 단계로서 세 곳의 청국조계를 정식으로 인정하는 조약을 주한청국총영사관과 체결했다. 그것이 1910년 체결된 「인천, 부산 및 원산의 청국조계 장정」이었다. 그 내용은 「인천구화상지계장정」과 유사했다.

조선총독부는 이 장정에 입각하여 청국과 1913년 「조선의 중화민국 거류지 폐지 협정」을 체결했다. 이 협정으로 세 곳의 청국조계는 폐지되는 대신 새로 설치된 행정 구역에 편입되고, 기존의 화교 토지 차지권자는 해당 토지의 영대차지권永代借地權 혹은 소유권으로 전환할 수 있었다.

청국조계 폐지 이전인 1910년 인천 청국조계 토지 가운데 영사관 부지 이외는 화상이 58개 구획의 토지 모두를 차지借地하고 있었다. 원산 청국조계도 24개 구획 토지 모두 화상이 차지했다. 청국전관조계였기 때문에 조선인이나 일본인이 차지한 토지가 없었던 것이다. 비록 1914년 3월 세 곳의 청국조계가 완전히 폐지되었지만, 차지한 화상이 그대로 소유권을 가지게 되었기 때문에 화교의 집단 거주지로서의 위상은 그대로 유지될 수 있었다. 인천과 원산의 청국조계는 1914년 4월부터 지나정으로, 부산의 청국조계는 초량정으로 각각 새로운 행정명칭으로 바뀌었다. 그 후 세 곳의 지역에는 영사관, 화교학교, 화교 사회단체 등이 설립되고, 각종 상점과 중화요리점이 밀집해 차이나타운으로 발전해나갔다.

중국인이 조선에 이주한 이유

중국인의 조선 이주 요인은 크게 중국 국내의 푸시push 요인과 조선의 중국인 이주를 유인하는 풀pull 요인이 있었다.

근대 중국은 서구와 일본의 침략으로 인한 반식민지의 상태에 빠졌고, 이러한 상황 속에서 국내에서는 각 군벌 간 대립과 전쟁으로 불안한 정정政情이 이어졌다. 여기에다 각종 천재지변과 가렴주구로 민중의 삶은 경제적 빈곤으로 인해 매우 팍팍했다. 노동자와 농민은 조선뿐 아니라 동남아, 북미, 중남미, 극동러시아 등지로 출가노동을 떠났고, 거기서 번 돈을 고향에 송금하여 고향 가계의 생계를 유지했다.

여기서 주목해야 하는 것은 당시 조선이 화교의 고향인 산동성山東省(산둥성)보다 임금 수준이 높았다는 사실이다. 1920년대 초 조선 농부의 하루 임금은 산둥성보다 2.8배나 높았다. 여기에다 당시 조선에는 조선총독부에 의해 각종 공사가 실시되었고 광산과 공장에서도 노동자 수요가 많았다. 공사업주나 탄광 및 공장주는 싼 임금하에서 성실하게 일하는 화교 노동자華工(화공)를 조선인 노동자보다 더 선호했다.

또한 중국인 농민으로서 조선에 이주하여 채소재배를 하는 농민이 많았다. 근대 조선은 채소를 자급자족하지 못해 일본에서 대량으로 수입했다. 화교 농민華農(화농)은 조선의 채소 수요 증가에 맞춰 도시 외곽에서 양질의 채소를 대량 생산해 상당한 수입을 올렸다. 중국인 농민의 조선 이주는 중국 국내의 경제적 궁핍이라는 요인도 있었지만, 채소재배로 인한 수입을 얻을 수 있다는 전망이 있었기 때문이었다.

그러나 중국인 상인華商(화상)의 조선 이주는 노동자, 농민과 달랐다. 조선에서 상점을 경영하려면 일정한 자본금이 필요했다. 물론 조선에서 번 돈으로 상점을 개설할 수 있지만 큰 상점의 경우는 그렇게 할 수 없었다. 당시 화교의 상점은 대체로 본국의 자본으로 개설됐다. 조선 최대의 화상인 동순태同順泰는 상해 동태호同泰號의 자본이 투입되었고, 대형 주단포목상점은 대부분 산동성 연태煙台에 거점을 둔 대형 상점의 상업자본이 투입되었다. 자본의 투입뿐 아니라 상점 점원도 중국 본사에서 파견되었다. 지금으로 보면 투자이민과 같은 것이다. 이처럼 조선의 상점 개설을 위해 본국 상업자본이 투하된 것은 조선에서 돈벌이가 꽤 괜찮았기 때문이다. 자본의 속성상 돈이 되지 않으면 투자하지 않는 법이다.

중국인의 조선 이주에는 이와 같은 푸시 요인과 풀 요인 이외에 연쇄이주Chain migration의 요인도 작용했다. 조선에 이주한 화교가 노동자, 농민, 상인으로서 성공을 거두면 소문이 고향에 자연스럽게 퍼졌다. 먼저 이주한 화교는 고향의 형제, 친척, 친구를 조선으로 불러들여 현지 정착 시에 여러 도움을 제공했다. 조선의 이주지에는 중국의 특정 지역 출신자가 집단적으로 거주하는 경우가 많은데 그것은 연쇄이주의 요인이 작용했기 때문이다.

중국인의 해외 이주는 중국 거주지와 이주지 간의 거리가 중요한 역할을 했다. 동남아화교는 광동성과 복건성福建省(푸젠성) 출신이 많은데 그것은 두 지역이 동남아 지역과 거리가 가깝기 때문이다. 조선화교의 8~9할이 산동성 출신인 것은 산동성이 조선과 가깝기 때문이다. 산동성 출신 화교가 동남아에 거의 없는 반면, 극동러시아와 일본에 주로 거주했다는 것은 거리와 관계가 있다고 할 수 있다.

한반도화교의 인구 추이 (1883~2015)

중국인의 조선 이주가 본격적으로 시작되는 1882년부터 2018년 현재까지의 137년간 화교의 인구 추이는 한반도화교 역사를 잘 대변해준다.

1883년의 화교인구는 166명이었고, 10년 뒤 청일전쟁이 발발하기 직전인 1893년에는 2,182명으로 급증한다. 청일전쟁으로 많은 화교가 본국으로 귀국하지만 일본과 청국 간의 강화 이후 다시 돌아온 화교와 새롭게 이주한 화교의 인구가 증가해 1907년에는 7,739명에 달했다.

일제강점이 되던 1910년에는 1만 1,818명으로 처음으로 1만 명을 넘었다. 조선화교는 이해 처음으로 일본화교의 인구를 상회했고, 해방 때까지 일본화교의 인구보다 많았다. 각 시기별로 차이는 나지만 대체로 조선화교가 일본화교보다 2~3배 더 많았다.

1920년대 들어 조선화교 인구는 노동자와 농민 인구의 급속한 유입으로 급증했다. 1920년 2만 3,939명에서 1925년에는 2배 많은 4만 6,196명, 1930년에는 6만 7,794명에 달했다. 그 후 1931년 7월 발생한 화교배척사건과 만주사변의 영향으로 화교의 인구는 급감했다. 하지만 1933년부터 점차 인구가 회복되어 1936년에는 1930년 수준을 거의 회복했다. 1937년 7월 발발한 중일전쟁으로 화교의 절반이 귀국하지만, 다시 가족단위로 되돌아오는 화교가 늘어나 1944년에는 7만여 명으로 증가했다. 한편, 일제강점기 외국인 인구 가운데 절대 다수인 9할 이상을 화교가 차지했다. 화교 이외의 외국인은 서양 선교사가 대부분이었다.

해방 이후 조선화교는 한국화교와 북한화교로 분단되었다. 해방 당시 한국화교의 인구는 약 1만 2,000명, 북한화교의 인구는 약 6만 명이었다. 북한화교의 인구가 한국화교보다 5배 더 많았다. 북한 지역에 화농과 화공이 상대적으로 많이 거주했기 때문이었다. 그러나 북한의 정정불안과 중국 대륙의 국공내전으로 한국에 이주하는 중국인이 1만여 명에 달했다. 한국화교의 인구는 1949년 2만 명을 넘은 반면, 북한화교는 화공의 본국 귀국과 한국으로 재이주하여 1949년 4만여 명으로 감소했다.

한국전쟁은 화교의 이동을 촉진했는데 특히 북한화교가 격심했다. 한국전쟁 기간 동안 3만여 명의 화교가 중국으로 귀국하여 잔류화교는 1만여 명으로 감소다. 한국화교는 고향인 산동성과 하북성 河北省(허베이성)이 공산화되어 귀국할 수 없었고 새로운 '조국'인 대만으로 이주한 화교는 소수에 불과했다. 한국화교 인구는 자연증가의 변화만 있었다. 1976년 3만 2,436명으로 최고를 기록했고, 그 이후는 미국 이민법 개정과 화교경제의 침체 그리고 한국정부 및 사회의 차별 등으로 미국·대만 등지로 재이주하는 화교가 증가하여 한국화교는 지속적으로 감소하는 추세를 보였다. 한국화교의 현재 인구는 2만 명도 되지 못한다.

한편, 중국에 귀국한 북한화교는 1950년대 말부터 1960년대 초 중국의 정치불안과 경제침체로 다시 북한으로 되돌아와 인구는 1961년에 3만 명으로 증가했다. 그러나 문화대혁명으로 북·중 관계

한반도화교의 인구 추이(1883~2015)

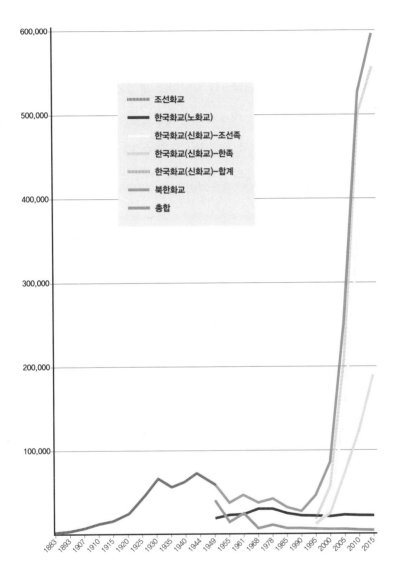

조선화교
한국화교(노화교)
한국화교(신화교)-조선족
한국화교(신화교)-한족
한국화교(신화교)-합계
북한화교
총합

가 악화되자 다시 중국으로 귀국하는 화교가 증가하여 북한화교는 1978년에는 1만 1,500명으로 감소했다. 1980년대와 1990년대에는 북한경제의 악화와 중국의 경제발전으로 귀국하는 화교가 더욱 증가하여 2015년에는 3,000여 명으로 감소했다. 북한화교와 한국화교는 놀랍게도 거의 비슷한 추이로 감소한 것을 알 수 있다. 근대 시기부터 계속 거주해온 남북한 노화교老華僑의 총 인구는 2만 3,000여 명에 불과하다. 노화교만을 기준으로 본다면 화교인구는 1920년 수준으로 후퇴한 것이다.

1992년 8월 한중 수교 이후 중국 대륙에서 한국으로 이주하는 중국인이 급증했다. 이들을 노화교와 구분하여 신화교新華僑라 부른다. 그런데 한국의 신화교는 다른 국가 및 지역과 차이가 난다. 국교 수립 이후 한국에 이주하여 중국 국적을 보유하거나 한국 국적을 취득한 재한조선족이 한족보다 더 많은 게 특징이다. 재한조선족을 신화교의 범주에 포함시킬 수 있을지의 여부는 아직 학계에서 충분히 검토된 바가 없다. 하지만 중국정부가 해외 이주 소수민족도 신화교 범주에 포함시키고 있는 만큼, 이 책에서는 재한조선족을 신화교에 포함시켜 내용을 전개한다.

한국의 신화교 인구는 1995년에는 1만 9,192명으로 노화교 인구와 거의 비슷했다. 그러나 신화교의 인구는 2000년 5만 8,984명에서 2015년 56만 8,025명으로 급증했다. 한족 신화교의 인구는 1995년 1만 1,825명에서 2015년 18만 7,934명으로 18배가 증가했다.

한중 수교 이후 한국화교의 중심이 노화교에서 신화교로 이동한 것을 확인할 수 있다. 북한화교는 신화교의 인구가 많지 않아 여전히 노화교 중심의 화교 사회가 지속되고 있다.

二

한국식 중화요리를 창조하다!

화교 용어에 삼파도三把刀라는 말이 있다. 세 자루의 칼인 식칼, 가위, 면도를 말한다. 근대 해외에 이주한 중국인은 이 세 자루의 칼을 이용한 기술을 생업으로 삼고 생계를 이어갔다. 식칼 다루는 기술자는 중화요리점, 가위 잘 다루는 기술자는 양복점, 면도 잘 다루는 기술자는 이발소를 개업하거나 종업원으로 일했다. 삼파도를 활용한 세 업종을 삼도업三刀業이라 한다. 일제강점기 삼도업 종사 조선화교는 직업을 가진 화교 10명 가운데 1명이나 되었다.

짜장면의 한국화, 그리고 세계화

강원도 춘천시 낙원동에 있는 화교 경영의 중화요리점 회영루會
英樓(1974년 개업)에는 다른 중화요리점에서는 팔지 않는 짜장면을 판
매한다. '백년짜장'이라는 짜장면의 춘장은 검은색의 일반 짜장면과
달리 황색에 가깝다. 원래 춘장 색깔은 검은색이 아닌 황색이었다.
중국 북경北京(베이징)에 가면 옛날식 북경 짜장면의 간판을 한 중화
요리점이 많이 눈에 띈다. 이 짜장면의 춘장 색깔은 황색이다. 한국
의 짜장면과 달리 춘장의 양이 적고 맛이 짜다. 채소와 춘장이 따로
나와 이것을 면과 함께 비벼서 먹는다. 이것이 중국 본토의 짜장면을
먹는 방식이다.

중국어로 짜장면은 '작장면炸醬麵'으로 쓴다. 이것을 중국어 발음
으로 하면 '자장미엔'이 되고 이것을 한국에서는 '짜장면'으로 부르
게 된 것이다. 현재와 같은 한국식 짜장면이 언제 탄생했는가에 대해
서는 의견이 분분하다. 인천차이나타운의 공화춘共和春에서 짜장면을
최초로 판매한 것으로 전해지지만 확실한 근거가 있는 것은 아니다.

북경의 라오베이징짜장면

춘천 회영루의 백년짜장

전주 진미반점의 물짜장

공화춘은 인천 최초의 중화요리점이 아니다. 공화춘이 설립된 것은 1912년경이다. 그런데 공화춘이 설립되기 이전 1906년 인천에 연남루燕南樓, 동흥루東興樓, 합흥관合興館, 사합관四合館, 동해루東海樓, 흥륭관興隆館 등 6곳의 중화요리점이 이미 영업을 하고 있었다. 이것으로 공화춘이 인천 최초의 중화요리점이 아닌 것은 분명하다. 서울에는 1889년에 이미 호떡집 복성면포방福星麵包房과 중화요리점이자 호텔인 이태주점怡泰酒店이 개업해 영업하고 있었다.

그런데 국민음식인 짜장면은 일제강점기 때 중화요리점에서 주요한 메뉴는 아니었다. 신문에 짜장면 관련 기사가 등장하는 것은 1930년대 중반이다. 짜장면은 당시만 해도 무명의 음식이었던 것이다. 짜장면이 대중적인 인기를 끌기 시작한 것은 해방 이후였다. 화교 왕송산王松山이 1948년 서울 용산구 문배동에 '영화장유永華醬油'라는 공장을 세워 사자표 춘장을 생산했다.

이전에는 화교 가정집에서 된장 만들듯이 춘장을 담가 저장해두고 짜장면 요리에 사용했지만, 물엿을 첨가해 단맛을 내는 사자표 춘장이 등장하면서 현재 우리가 먹는 짜장면이 됐다. 전라도 지역에는 타 지역에서 볼 수 없는 물짜장이 있다. 2층 건물에 식당 내부가 탁 트인 중화요리점으로 유명한 군산 빈해원濱海園의 인기 메뉴 '삼선물짜장'은 검은색의 춘장을 사용하지 않아 맑고 투명하다.

화교 중화요리점의 역사는 한국 중화요리의 역사와 겹치는 것이 많다. 1880년대 서울과 인천에서 시작된 중화요리점은 급속하게 발전한다. 처음에는 중국에서 이주해 온 화교가 주요한 고객이었지만 점차 한국인의 입맛을 사로잡아 대중화되기 시작했다. 1930년 전국 중화요리점은 1,635개, 호떡집은 1,139개로 총 2,774개였다. 이들 중화요리점에서 일하는 화교 요리사는 2,349명에 달했다. 서울, 인천, 대구, 군산, 평양, 신의주와 같은 대도시는 물론이고 군과 면 단위까지 화교 중화요리점과 호떡집이 확산되었다.

일제강점기 중화요리점은 세 가지 종류가 있었다. 먼저 종업원이 20~40명 되는 '고급 중화요리점'이 있었는데 서울의 아서원雅叙園, 사해루四海樓, 금곡원金谷園, 대관원大觀園, 열빈루悅賓樓, 인천의 중화루中華樓, 동홍루同興樓, 공화춘共和春, 평양의 동승루東昇樓, 동화원東華園, 홍승루鴻陞樓, 대구의 군방각群芳閣, 부산의 봉래각蓬萊閣 등이 여기에 속했다.

이들 중화요리점은 북경요리와 광동요리 등 고급 요리를 파는 곳으로 고급 요정 역할도 했다. 1925년 조선공산당 창당대회가 비밀리에 열린 곳은 아서원이고, 나석주가 서울의 동양척식주식회사를 폭파하기 위해 화교로 가장하고 식사를 한 곳은 공화춘이었다. 1940년 소파 방정환의 전집 출판기념회가 개최된 곳은 열빈루였다. 화교 중화요리점은 한국 근대사의 중요한 역사적 무대이기도 했던 것이다.

다음은 '중화요리음식점'이다. 종업원은 대체로 2~10명으로 고급 중화요리점보다 규모가 훨씬 작았다. 주요 메뉴는 우동, 잡채, 양장피, 만두 종류였다. 만두는 소와 피를 빚는 과정의 차이에 따라 탕면용 만두, 물만두, 찐만두, 볶음만두, 냄비만두로 분류된다. 교자餃子는 한국인이 만두라 부르는 밀가루 음식으로 찐만두에 가깝다. 세 번째는 '호떡집'이다. 호떡집은 주인 혼자 혹은 가족 2~3명이서 같이 장사한다. '호떡' 하면 밀가루 피에 설탕을 넣어 구운 것을 연상할 것이다. 그러나 중국식 떡(餅)의 종류는 꽈배기, 계란빵, 참깨빵, 국화빵, 공갈빵 등 매우 다양했다.

호떡은 조선인의 기호에 맞았고 가격이 비교적 저렴했기 때문에 큰 인기를 끌었다. 신문의 연재소설에 호떡집이 등장할 정도로 일반 서민의 최고 외식이었다. 지금도 부산 상해가(차이나타운)에는 1951년 개업한 신발원新發園 등이 호떡을 판매하고 있다.

화교가 경영하는 중화요리점은 중국 특유의 '합과合夥'(합자) 조직

전통 호떡을 판매하는 부산 상해가

으로 창업했다. 자금을 제공하는 자본가인 '동가'와 노동력과 기술을 제공하는 '서가'로 나뉘어, 경영은 서가의 전문경영인에게 맡기고 동가는 경영에 간섭하지 못하도록 했다. 이익이 발생하면 동가와 서가가 미리 정한 지분대로 이익금을 배분하는 방식이었다. 부족한 자금으로 창업할 때 유리한 방식이다.

서울의 화교 중화요리점은 1915년경부터 '중화요리음식점조합'을 결성해 상호 친목 도모와 과당경쟁 방지, 업계의 질서유지에 힘썼다. 1920년대 서울의 중화요리음식점조합에는 119개 중화요리점의 회원이 가입돼 있었다. 회원들은 종로 10개, 을지로 8개, 태평로 7개, 만리동 6개, 충무로 5개, 소공동 4개로 종로와 을지로 일대에 많이 분포했다. 1920년대 조합장은 아서원의 총지배인인 서광빈徐廣賓이었다.

일제강점기 중화요리점의 경영주는 산동성 복산현福山縣(현재의 연태 지역) 출신이 많았다. 서광빈도 복산현 출신이었다. 복산현은 산동요리의 본고장으로 유명하며 이곳 출신의 요리사가 북경의 중화요리를 주도했다. 1938년 북경의 음식점조합 임원 15명 가운데 11명이 복산현 출신으로 북경의 식당가를 주름잡았다. 1960년대까지 한국 최고의 중화요리점으로 명성을 날린 아서원은 복산현 출신이 아니면 주방에 들이지 않았다고 하는데, 그 자부심이 대단했다는 것을 말해준다.

짜장면과 우동 등 중화요리가 보다 우리의 생활 속에 스며든 것은 해방 이후이다. 변변한 외식이 없던 1950년대부터 1970년대 중화요리점은 최고의 외식으로 큰 인기를 끌었다. 화교 경영 중화요리점은 1960년대 말 전국에 약 2,400개에 달해 화교의 70퍼센트가 이 직종에 종사했다. 그러다 정부 당국의 화교 중화요리점에 대한 각종 규제 및 차별적 조치와 화교의 해외이주로 인한 인력 부족이 겹쳐 1970년대 들어 문을 닫는 중화요리점이 늘었다.

화교의 전유물로 여겨져 온 중화요리 기술을 한국인이 습득해 중화요리점을 잇따라 창업하면서 경쟁이 더욱 치열해졌다. 한국인 자본가가 화교 요리사를 고용해 고급 중화요리점을 개설했다. 50년 이상의 역사를 자랑하던 서울의 아서원, 대관원, 열빈루, 복해헌福海軒과 인천의 공화춘, 대구의 군방각이 문을 닫은 것은 1970년을 전후한 때였다. 현재 전국의 화교 경영 중화요리점은 1,000~2,000개로 추정된다. 가장 많을 때의 약 4분의 1 수준이다.

하지만 1970년대 해외로 이주한 화교는 이주지에서 한국식 중화요리의 전도사로 큰 활약을 하고 있다. 인천에서 중화요리점을 경영하다 1980년대 미국으로 이주한 한중정韓中正은 그곳에서 중화요리점 '펑메이Feng Mei'를 개업해 큰 성공을 거뒀다. 지금은 그의 장남이 경영을 이어받았다. 대만에도 한국화교가 경영하는 중화요리점이 적지 않고, 최근에는 중국 대륙에도 진출해 한국식 짜장면을 팔고 있다. 아프리카의 남아프리카공화국, 마다가스카르에도 한국화교의 중화요리점이 있다고 하니 한국식 중화요리의 글로벌화라고 할 수 있겠다.

화교 중화요리점의 비애

화교 고급 중화요리점의 주요한 고객은 조선을 통치하던 일본인과 일부 조선인 부자와 지식인이었다. 우동, 잡채와 호떡을 판매하던 중화요리음식점과 호떡집의 고객은 조선인 서민이었다. 사정이 이러하다 보니 중화요리음식점과 호떡집은 조선인이 집중 거주하는 지역에 주로 위치했다. 음식점과 호떡집은 화교배척사건 때 주요한 습격 대상이었고 가장 큰 피해를 입은 화교 업종이었다.

1927년 화교배척사건 때 사망한 2명 가운데 1명인 학진산郝珍山은 호떡집 업주였다. 그는 산동성 모평현牟平縣 출신으로 전북 삼례에서 호떡집을 경영하다 12월 9일 군중의 습격을 받아 사망했다. 군산의 중화요리음식점인 취선각聚仙閣은 습격을 받고 유리창, 간판, 포도주, 일본 청주 등이 파손되는 피해를 입었다. 인천부 외리外里(현재의 인천광역시 중구 경동)의 호떡집은 청소년 10여 명의 습격을 받았으며, 본정本町(현재의 인천광역시 중구 중앙동)의 군영각群英閣은 군중 300명의 습격을 받고 산산조각이 났다.

1931년 화교배척사건 때 중화요리음식점과 호떡집의 피해는 1927년 사건을 훨씬 능가했다. 7월 3일 새벽 1시경 인천부 용강정龍岡町(현재의 인천광역시 중구 인현동)에 위치한 중화요리음식점이 조선인 5명의 습격을 받았는데, 이것이 1931년 사건의 서막을 알리는 것이었다. 중화요리점의 최대 피해지는 서울(당시 경성)이었다.

경성부의 화교 중화요리점은 이 사건 직전에 296개로 전국 중화요리점의 10퍼센트를 차지했다. 서울 중화요리점 습격사건은 7월 3

인천을 대표했던 중화요리점
공화춘, 현재는 짜장면박물관

일부터 6일 사이 4일간에 걸쳐 일어났다. 중화요리점을 목표로 한 습격은 총 145건에 달했으며 피해를 입은 요리점은 117개였다. 몇 차례에 걸쳐 습격을 당한 요리점이 있기 때문에 습격 건수가 더 많은 것이다. 전체 중화요리점 가운데 습격을 당한 곳은 무려 4할에 달했다. 고급 중화요리점의 피해는 거의 없고 호떡집의 피해가 가장 많았고, 중화요리음식점이 그다음이었다.

중화요리점의 피해는 투석에 의한 기물파손이 105건으로 가장 많았다. 호떡 값 미지불 도주는 12건이었다. 그 외에는 방화, 폭행, 협박 등이었다. 피해 중화요리점을 지역별로 분류하면, 종로구 69개(전체의 6할), 중구 36개(전체의 3할)로 두 지역이 대부분을 차지했다. 종로구는 일제강점기 때의 '북촌'으로 조선인의 집단거주지라는 것을 생각하면 왜 화교 중화요리점의 피해가 많았는지 짐작이 간다.

화교 중화요리점은 1931년 화교배척사건의 피해에도 불구하고 끈질긴 생명력을 발휘한다. 1936년에는 1930년 수준의 중화요리점

개수를 거의 회복했다. 1930년대에 들어 전반적인 소득수준의 향상으로 중화요리에 대한 수요가 더욱 왕성해지는데 조선인과 일본인이 중화요리점을 개업하는 것은 거의 찾아볼 수 없다.

주경성중화민국총영사관이 1942년 본국 교무위원회에 보고한 내용을 살펴보자.

"중국음식은 독특한 풍미를 구비하고 있어 일본요리, 조선요리와 비교가 되지 않는다. 게다가 요리법은 중국인 독특의 기술이어서 외국인이 절대로 배울 수 있는 것이 아니다. 중화요리는 자기의 영역을 지켜내어 외국인의 침입을 일보一步도 허용하지 않았다."

조선인과 일본인이 중화요리점을 개업하지 못한 이유가 여기에 있었던 것이다.

화교 중화요리점의 독점은 1960년대까지 이어졌다. 1963년 전국의 중화요리점은 2,178개인데 이 가운데 95퍼센트가 화교에 의해 경영되고 있었다. 한국정부의 중화요리점에 대한 각종 규제가 1960년대 들어 강화됐다. 1968년 외국인토지법의 개정으로 화교의 영업용 점포의 토지는 50평을 넘지 못하도록 규제함으로써 고급 중화요리점의 개업은 사실상 불가능했다. 여기에다 중화요리점을 대상으로 한 다양한 세금이 부과되고, 같은 장소에서 장기간 영업할 경우 영업연한에 비례하여 세금이 가산되었다. 세무 공무원은 화교의 취약한 법적 지위를 악용하여 돈을 요구하는 일까지 빈발했다.

화교 중화요리점은 더 이상 중화요리 기술을 독점할 수 없었다. 화교 중화요리점에서 중화요리 기술을 습득한 한국인이 중화요리점을 개업하고, 부동산 소유 제한에 발목 잡힌 화교는 점포를 확대할 수도 없었다. 화교 중화요리점의 업주가 식당을 접고 해외로 재이주한 것은 바로 이러한 '비정성시非情城市'의 사정이 있었다.

명동 고급 중화요리점 '아서원'의 비화

서울시 중구 을지로입구에 세워져 있는 36층의 롯데호텔은 롯데백화점과 같이 내외국인에게 인기가 있는 명소이다. 롯데호텔의 부지 가운데 을지로1가 181-4번지와 181-5번지의 부지는 1974년 4월 이전까지 화교가 경영하는 고급 중화요리점 아서원雅叙園이 자리한 곳이었다.

아서원은 서광빈이 합자로 1907년에 설립한 고급 중화요리점이었다. 설립 당시의 위치는 현 롯데호텔 옆 주차장 자리의 건평 50평 남짓한 2층 건물이었다. 아서원 부지 근처에 일본인 재벌 노구치 시타가우野口遵가 1932년 반도호텔을 짓게 되자, 1936년 을지로1가 181-4, 5로 이전하여 400여 평의 부지에 3층짜리 벽돌 건물을 건축했다. 1950년대 말 공간이 부족하자 4층 건물로 확장했다.

서광빈은 1920년대 후반 119개의 중화요리점이 가입한 경성중화민국요리점조합의 회장을 지낼 정도로 아서원의 명성은 장안에 자자했다. 1931년 화교배척사건과 중일전쟁, 해방 후의 혼란으로 일부 고급 중화요리점이 문을 닫거나 영업이 위축되었지만, 아서원만큼은 날로 번창했다.

일제강점기 때 아서원의 고객에는 조선총독부의 고위 관리가 많았고 해방 후에는 미군 고급장교와 김구, 이승만 그리고 대만의 석학인 임어당, 손문의 아들이자 행정원장을 지낸 손과도 있었다. 이렇게 명성이 자자하다 보니 장안의 내로라 하는 사람은 아서원을 찾았고, 화교도 이곳에서 결혼식과 환갑연을 열었다. 1967년을 전후한 아서원의 하루 매상은 70~100만 원에 달했다.

그런데 1969년 2월 서광빈의 무남독녀인 서○○가 롯데 재벌에 아서원을 6,000만 원에 매각하면서 5년간에 걸친 아서원 소송사건이 벌어졌다. 이용재(2012. 6)의 연구를 바탕으로 사건을 소개하면 다음과 같다.

아서원의 신문 광고(《중앙신문》,1946. 4. 23)

당시 아서원의 대지는 424평에 지하 1층, 지상 3층, 연건평 369평으로 당시의 시가로 5억 원에 달했기 때문에 6,000만 원은 헐값 매각이라 할 수 있었다. 서○○는 서광빈과 그의 첩인 서강徐姜 사이에서 태어난 무남독녀였다. 이번 매각에는 서○○의 아들이자 서광빈의 외손자인 노○○이 깊숙이 개입해 사실상 매각을 주도했다.

아서원은 서광빈 개인의 고급 중화요리점이 아니라 중국 전통의 합자회사였다. 주주에는 한국인 2명을 포함하여 총 26명으로 구성되어 있었고 주식은 대지와 건물 각각 100주씩 모두 200주였다. 서○○가 모친에게서 상속받은 지분은 전체 부동산 지분 가운데 200분의 28, 즉 14퍼센트에 불과했다. 다른 주주가 서○○ 단독으로 아서원을 매각하고 매각대금을 모두 취한 것에 반발한 것은 당연하였다.

아서원 주주 측은 서울중앙지방법원에 소송을 제기했지만 패소했다. 이에 불복하여 서울고등법원에 항소하여 2심에선 승소했다. 서○○는 다시 항소하여 대법원의 최종심에서 승소, 결국 아서원은 롯데에 완전히 넘어갔다.

재판에서 쟁점이 된 것은 크게 두 가지였다. 첫째, 노○○이 서광빈의 정당한 상속인이 될 수 있는가의 문제였다. 노○○은 서광빈의 정당한 상속인이 될 수 있다고 주장하여 아서원을 매각했다고 한 반면, 아서원 주주 측은 그가 상속권이 없다고 주장했다. 대법원은 노○○의 손을 들어주었다.

둘째, 아서원이 서광빈 개인 소유인지 합과인지를 둘러싼 문제였다. 노○○은 아서원이 법원 등기상 서광빈 개인의 이름으로 등기되어 있기 때문에 매각에 문제가 없다고 한 반면, 아서원 주주 측은 편의상 그의 개인의 이름으로 위탁등기 해둔 것에 불과하다며 이를 입증할 각종 서류를 제출했다. 그럼에도 불구하고 대법원은 아서원 주주 측의 주장을 받아들이지 않았다.

아서원 주주 측과 한국화교 사회는 대법원의 판결에 강한 불만을 표출했다. 그들은 롯데라는 막강한 경제력을 등에 업은 재벌과의 싸움에서 돈 때문에 패소했으며, 화교가 외국인이라는 이유로 불공평하고 불공정한 판결과 대우를 받았다고 생각했다.

아서원 주주 측의 패소는 한국에서 화교가 살아갈 희망을 빼앗은 상징적인 사건이었다. 당시 서울의 3대 중화요리점이었던 태화관泰和館과 대관원大觀園도 아서원에 뒤이어 문을 닫았다.

三

화교 삼도업三刀業 가운데 중화요리업은 널리 알려져 있지만, 화교 경영의 양복점과 이발소는 생소할 것이다. 양복점과 이발소는 중화요리점과 달리 일제강점기 때 융성하였지만 점차 쇠퇴하여 해방 후에는 거의 사라졌기 때문이다. 화교 양복점과 이발소는 조선의 의복과 두발의 '근대화'와 밀접한 관련이 있다.

상해에서 시작된 첨단 패션의 화교 양복점

남성 신사의 대명사는 역시 양복이 아닐까? 요즘은 기성복이 판을 치는 세상이지만 1980년대까지만 해도 양복은 양복점에서 맞추는 것으로 인식되어 길거리에는 양복점이 즐비했다.

조선인의 양복 착용은 1895년 12월 30일 공포된 내부內部 고시에 "의복제도는 외국제를 채용하여도 무방함"이라 규정되었고, 양복의 착용이 공인되었다. 일본은 조선보다 훨씬 빠른 1869년에 양복 착용을 허용했다. 이 내부고시의 공포가 갑오개혁의 일환으로 이뤄진 것이기 때문에 양복 착용 허용은 일본의 영향을 받은 것이라 할 수 있다.

그러나 일본인과 서양인을 위한 일본인 경영의 양복점은 양복 착용 공인 이전인 1884년에 인천 혹은 1889년에 서울에 설립되었다는 설이 있지만, 자료로 입증되지는 않고 있다. 일본 최초의 양복점은 1859년 미국인에 의해 요코하마의 외국인거류지에 개설되었다. 그 후 일본인이 1870년대 양복점을 일본 각 개항장에 잇따라 개설했다.

당시의 신문에 최초로 등장하는 양복점은 서울 정동에서 개업한 원태양복점源泰洋服店이다. 《독립신문》 1897년 8월 17일자에 등장하는 이 양복점은 정동 86번지에 위치한 화교 경영 양복점이었다. 광고의 내용을 현대식 한국어로 바꿔보면 다음과 같다.

"이 회사에서 고급 양복을 싸게 만들어 파니 여러분들은 와서 옷을 맞추세요. 가을 옷과 겨울 옷을 꼭 맞게 만들어드립니다. 본점은 정동 새 예배당 앞입니다.”

원태양복점은 서울 정동의 정동제일교회 앞에 위치한 것으로 보인다. 정동제일교회는 1895년 9월 착공하여 1896년에 헌당식을 거행하고 정식으로 준공된 것은 1897년 10월이기 때문이다. 정동은 당시 외국인이 많이 거주하는 지역으로 초창기 양복의 수요가 많은 지역이었다. 원태양복점이 《독립신문》에 광고를 게재한 것은 이 신문을 주도하는 독립협회의 인사들이 주로 개화파에 속했기 때문에 조선인 상류 지식인층의 양복 수요를 전망하고 광고를 낸 것은 아닐까 한다.

이 광고 문안으로 볼 때 다른 양복점이 이미 개업하여 영업하고 있다는 것을 알 수 있다. 고급 양복을 싸게 만들어 판다는 것은 타 양복점과 비교하여 말한 것이기 때문이다. 원태양복점은 염가판매를

1950년대 일본 고베의 화교 경영 양복점(鴻山俊雄(1964), 65쪽)

장점으로 한 양복점이었다.

원태양복점의 업주는 절강성浙江省(저장성) 출신의 대익삼戴益三이었다. 그는 1858년에 태어났고, 37세 때인 1894년에 서울로 이주했다. 그의 출신지인 영파부寧波府(닝보부) 봉화현奉化縣(평화현)은 지리적으로 상해와 인접해 서양의 근대문물을 빨리 접할 수 있는 곳이었다. 일본 고베에서 화교 첫 양복점을 개업한 응소유應紹有도 영파부 출신이었다.

중국 최초의 중국인 양복점은 1879년 소주蘇州(쑤저우)에서 이래의李來義가 개업한 이순창서복점李順昌西服店이었다. 그러나 중국에서는 일반적으로 1896년 상해에서 강보신江輔臣이 개업한 화창호和昌號를 중국인 최초의 양복점으로 인정하고 있다. 이래의와 강보신 모두 절강성 영파부 출신이었다.

이처럼 중국, 일본 그리고 조선에서 최초의 중국인 양복점을 모두 영파부 출신이 개업한 것은 어떤 기술적 이유에서일까? 영파인은 재봉에 재능이 있었고 그러한 직인의 기술이 축적되어 그것을 계승하는 문화적 전통이 있었다. 특히, 봉화강奉化江 양안兩岸의 30개 촌 출신의 양복 직인은 양복업계에서 일반적으로 홍방紅幇이라 불릴 정도로 근대 중국 양복 직인 및 양복점의 선구자로 통한다.

중국에서 양복을 예복의 하나로 공포한 것은 1912년 중화민국 건국 직후이기 때문에 일본과 조선에 비해 늦었다. 그러나 1842년 남경조약 이후 중국의 각 항구가 개항됨에 따라 서양인 거주자가 늘어났고, 이들의 양복 수요에 착안하여 일본처럼 서양인에 의한 양복점이 먼저 개업했다. 영파 출신의 중국인이 상해의 서양인 양복점에서 일하면서 기술을 습득한 후, 독립하여 양복점을 개설한 것은 일본인 양복점과 같다.

맞춤 양복 제작공정의 특징은 전문화이다. 재단(치수 재기, 시침질 포함), 상의 및 하의 재봉, 마무리, 다림질 등의 각 공정에 각 1명 이상의 숙련된 기술자가 필요하다. 화교 양복점은 대체로 10여 명의 종업원을 두고 영업했다. 화교 양복점은 1923년 서울에 23개, 인천에 3개, 진남포에 1개, 총 27개가 영업하고 있었다. 서울의 화교 양복점은 1910년 6개에서 1923년에는 23개로 10여 년 사이에 4배로 급증했다.

1930년대 경성에서 양복점 기사로 활동한 조선인 최준은 화교 양복점의 기술에 대해 이렇게 평가했다.

"봉제 솜씨가 뛰어났는데, 재봉틀을 쓰지 않고 손바느질로 양복을 만들었으며, 양복의 조제 시 자리 잡음과 착장감을 잘 살려 기술발전에 기여한 바가 컸다."

조선총독부 조사에 의하면 화교 양복점은 일본인 고객이 전체의 7할, 조선인 고객이 전체의 3할을 차지했다고 한다. 화교 고객은 거의 없고 일본인과 조선인이 주요 고객이었다. 일본인 양복점도 많은 가운데 일본인이 화교 양복점을 많이 찾은 것은 가격이 그들보다 상대적으로 저렴하면서도 양복 제조 기술이 괜찮았기 때문이었다.

화교 양복점의 업주는 대부분 상해 주변 출신이었다. 원태의 창업주인 대익삼, 상흥호祥興號의 창업주인 장홍해張鴻海도 모두 절강성 영파부 봉화현 출신이었다. 원태의 인천지점 업주인 김동경金同慶, 신륜기新倫記의 업주 허희영許希榮, 순태상順泰祥의 업주인 전금근錢金根도 모두 절강성 출신이었다.

1927년 당시 순태호順泰號의 점주인 전신인錢信仁과 복태復泰의 점주인 장윤재張閏財는 모두 절강성 근현勤縣 출신이었다. 원태의 점주인 김병법金炳法은 절강성 상우현上虞縣 출신이었다. 화교 양복점 업주가 모두 상해 인근 출신이다 보니 그들의 양복 패션에도 영향을 받았다. 화교 양복점은 1930년대 상해에서 새로운 원단인 나사羅紗를 대량 수입하여 새로운 스타일의 양복을 만들었다.

서울의 양복점 업계는 1930년대 큰 발전을 하는 시기였다. 종로를 중심으로 북촌의 조선인 양복점과 남촌(충무로와 명동 일대)의 일본인 양복점이 서로 경쟁하며 발전하는데 화교 양복점은 1930년대 들어 오히려 감소했다. 화교 재단사의 인원이 1936년에는 1930년에 비해 3분의 1 수준으로 감소했다.

일본인 양복점은 거대 자본과 기술력을 바탕으로 주문 양복제조뿐 아니라 기성복을 대량으로 판매하는 전략을 폈다. 조선인 양복점은 조선인 네트워크를 활용하여 판매를 늘리는 전략을 폈다. 화교 양복점은 그러한 자본력도, 조선 내 네트워크도 확립되어 있지 않았기 때문에 경쟁에서 밀린 것이다.

여기에다 중일전쟁 시기에 접어들어 통제경제가 강화되면서 양복 원단의 배급제가 실시되었다. 원단의 배급 감소는 양복점 경영에 큰 타격을 주지 않을 수 없었다. 전시체제라 국민복 위주의 의복이 주를 이루었기 때문에 고급품인 양복 원단 배급은 감소했다. 화교 양복점은 원단 배급의 감소로 문을 닫았으며, 계속 영업하는 양복점은 직원을 감원했다. 이런 가운데서도 왕보장王甫章의 복장양복점은 미나미 지로南次郞 조선총독의 국민복을 만들며 명성을 이어갔다.

그러나 해방 후 화교 양복점은 거의 사라졌다. 일본인 양복점 업주가 패전으로 일본으로 돌아가고 화교 양복점도 사라진 후, 양복점 시장은 한국인이 독점하게 된다.

싸고 서비스가 좋은 화교 이발소

조선인의 서양식 이발은 조선정부의 단발령 공포 이후에 가능했다. 『고종실록』 33권 1895년 12월 30일에, "내부고시內部告示로 이번에 단발령을 공포함은 위생에 이롭고 일을 하는 데 편하기 때문이다"라고 그 이유를 밝혔다. 고종은 이날 단발을 했다. 일본은 1871년 8월 9일 태정관太政官 제399호로 단발령을 공포하고 메이지明治 천황은 1873년 3월 20일 자신이 직접 단발을 하여 모범을 보임으로써 전국으로 확산되었다.

일본 최초의 이발소는 1869년 요코하마 외국인거류지 148번에서 개업한 고쿠라 도라요시小倉虎吉의 이발소로 그의 친구 5명이 메이지 초기 일본 이발사의 선구자이다. 고쿠라는 일본 전통의 이발소인 가미유이도코髮結床에 종사하다 중국인 고객을 따라 외국적 선박을 출입하면서 서양인 이발사의 이발 기술을 배워 이발소를 개업했다. 조선에 이발소가 처음으로 설립된 것은 언제일까?

단발령이 공포된 이후 명성황후 시해와 맞물려 의병운동이 전국적으로 격렬히 전개되었기 때문에 이발소가 일본처럼 쉽게 설립되어 확산되지는 못했을 것이다. 그러나 일본인 및 서양인의 인구가 증가하고 이들의 수요에 착안하여 일본인이 먼저 이발소를 설립했을 가능성이 높다. 덕수궁 대한문 앞의 우라가미상점浦上商店이 1903년 이발 도구 판매의 광고를 하고 있는 것을 보면 서울에는 이미 이발소가 상당수 개업해 있었던 것으로 보인다. 1908년이 되면서 조선인 이발소와 일본인 이발소 간의 경쟁이 발생할 정도로 이발소가 많이 생겨났다.

화교 이발소는 1900년대 생겨난 것으로 보인다. 1910년 서울에는 6개의 화교 이발소가 영업하고 있었고, 종사자는 28명에 달했다. 6개 이발소는 소공동의 용승당湧勝堂, 석정동石井洞의 복덕당福德堂, 대정동大貞洞의 덕발당發德堂, 정동貞洞의 복성당復成堂, 낙동駱洞의 류학청劉學淸, 시동詩洞의 장성기張成基 이발소였다.

이처럼 화교 이발소는 이발소 명칭에 '당堂'을 붙이는 것이 일반적이었다. 용승당은 종사자가 13명이나 될 만큼 규모가 컸으며 그 가운데 어린이가 2명인 것을 보면 업주가 가족 단위로 서울에 이주한 것으로 보인다. 복덕당은 7명, 덕발당은 4명, 복성당은 2명의 종사자가 일했다. 류학청과 장성기 이발소는 이발사를 고용하지 않고 혼자 일하는 영세한 이발소였다. 이들 이발소가 위치하는 지역은 낙동(현재의 명동), 소공동, 정동으로 현재의 중구에 속하는 지역이었다.

그렇다면 화교는 이발 기술을 어디에서 배워 조선에서 개업한 것일까? 중국의 단발령은 일본이나 조선보다 훨씬 늦은 1912년 1월이었다. 청조 때 변발 전문 이발소인 체두적剃頭的이 있었다. 여기에서 일하던 중국인이 서양인 이발소에서 기술을 배워 개업한 것이 중국인 이발소의 기원이다. 조선화교 이발사가 '체두적'에서 활동하다 조선에 온 것인지 분명하지 않지만 그럴 가능성은 있다.

1910년대 접어들어 이발이 보다 대중화되면서 이발소가 급증했다. 1915년 4월 서울의 각 민족별 이발소는 일본인 이발소가 70개, 조선인 이발소가 140개, 그리고 화교 이발소가 16개였다. 조선인 이발소가 전체의 62퍼센트로 가장 많았고 일본인 이발소가 31퍼센트, 화교 이발소가 7퍼센트를 각각 차지한 것이다. 인천의 이발소는 1924년 35개인데 이 가운데 조선인 이발소 12개, 일본인 이발소 15개, 화교 이발소 8개로 화교 이발소는 전체의 23퍼센트를 차지했다.

1920년대 인천의 화교 이발소가 사용하던 이발도구
(짜장면박물관 소장)

화교 이발소가 세력을 확장한 데는 그럴만한 이유가 있었다. 당시의 신문은 화교 이발소가 다소 불결하지만, 이발 요금이 저렴할 뿐 아니라 귀를 후벼주고 어깨 안마를 해주는 등의 서비스가 좋다는 점이 경쟁력의 원천이라고 지적했다.

조선인 및 일본인 이발소는 점차 화교 이발소에게 고객을 빼앗기자 경찰서에 화교 이발소의 요금을 자신들의 이발 요금과 동등하게 해달라고 요청하는 등 여러 방안을 모색했다. 조선총독부는 1911년 「이발영업취체규칙理髮營業取締規則」을 공포하여 이발소 영업을 규제하기 시작했다.

이 규칙에 따라 조선인, 일본인, 화교 이발소는 각각 이발조합을 조직하게 되고 위생 규제도 시작된다. 조선총독부는 조선인 및 일본인 이발조합의 요청에 따라 이발 자격증 제도를 도입하고 이발시험을 실시했다. 화교는 일본어가 되지 않았기 때문에 절대적으로 불리한 것은 말할 필요가 없었다.

여기에다 세 민족별 이발조합을 하나로 통합하여 이발 요금을 동일하게 설정했고, 화교 이발소의 가격경쟁력도 상실됐다. 그럼에도 불구하고 화교 이발소는 사라지지 않았다. 1930년 화교 이발사는 530명으로 일본인 641명에 육박했다. 이발소는 서울에 29개, 인천에 8개가 영업했다.

1923년 서울의 주요 이발소는 관수동의 오계서吳桂書 이발소, 수은동의 이상성李祥盛 이발소, 종로의 감정재闞庭財 이발소, 남대문의 곽옥당郭玉堂 이발소와 우장여尤長餘 이발소, 봉래정의 황영금黃永金 이발소, 본정의 오계서吳桂書 이발소, 관철동의 유승선遊承先 이발소, 욱정의 호금화胡錦花 이발소, 남대문통의 양주덕梁桂德 이발소 등이었다.

1910년 당시 화교 이발소 6개는 현재의 명동과 소공동에 집중되어 있던 것이 1923년에는 현재의 종로구 지역인 종로, 관수동, 관철동, 묘동 등지의 조선인 거주지로 확산된 것을 확인할 수 있다. 종로 지역은 조선인 이발소가 많은 지역이었던 만큼 조선인 이발소가 이들 화교 이발소의 진출로 타격을 입었을 것이다.

화교 이발소의 업주는 호북성湖北省(후베이성) 출신이 많았다. 서울의 업주는 대부분이 호북성 출신이었다. 인천의 보천당寶泉堂과 흥발당興發堂의 업주는 모두 호북성 광제현廣濟縣(광지현) 출신이었다. 점차 산동성 출신 이발소 업주가 증가하지만 상대적으로 대형 이발소는 호북성 출신 업주가 경영하는 이발소였다. 일본화교 이발사는 1930년경 1,200명에 달했는데 강소성江蘇省(장쑤성)의 진강鎭江(전장)과 양주揚州(양저우) 출신이 대부분을 차지해 조선화교 이발사가 호북성 및 산동성 출신인 것과 비교된다.

화교 이발소와 이발사는 이발 자격 시험제도의 도입과 요금 일원화 등의 제도 도입으로 점차 쇠퇴의 길을 걸었으며 중일전쟁은 여기에 박차를 가했다. 인천의 화교 이발소는 1935년 8개에서 1942년에는 5개로 3개가 감소했다. 이발소 종업원의 인원도 예전에 규모가 큰 이발소가 7명의 종업원을 두던 것이 2~5명으로 감소했다. 호북성 출신 화교 이발 업주는 본국으로 귀국했기 때문인지 대부분 사라졌다.

해방 후 서울의 화교 이발소는 1948년 10월 현재 3개인데 이 가운데 2개는 해방 이전부터 지속된 것이었다. 해방 직후 인천의 화교 이발소는 1개도 파악되지 않는다. 서울의 화교 이발소는 한국전쟁의 영향으로 거의 문을 닫은 것으로 보인다.

四

화교가 주단포목상점을
석권한 이유

일제강점기 양대 상업은 '식食'을 취급하는 곡물상, '의衣'를 취급하는 주단포목상이었다. 화교 주단포목상점은 전체 상점의 2할, 전체 상점 판매총액의 3할을 차지할 정도로 큰 세력을 형성했다. 화교가 양대 상업의 한 분야에서 이 정도의 세력을 형성한 것은 놀라운 사실이다. 어떻게 그것이 가능했을까?

비단장수 '왕서방'의 마지막 후예

전북 익산시 인화동의 한복거리. 고급 비단과 이불을 판매하는 주단포목紬緞布木* 상점 20여 개가 집중되어 있다. 다른 지역에서 별로 찾아볼 수 없는 곳이다. 이 주단포목상점 가운데 가장 오래된 가게가 유성동裕盛東이다. 유성동은 지금의 자리에서 1935년 산동성 복산현 출신의 추립곤鄒立崐(1900~1982)에 의해 설립돼 83년을 이어오고 있다.

그의 아들이자, 2대 사장인 추본기鄒本沂(1925~2016)는 중국에서 태어나 거주하다 18세에 한 번 아버지 가게에 온 적이 있었다. 그는 경영 수업을 받기 위해 대련大連(다롄)의 대형 주단포목상점에서 점원으로 일하기도 했다.

추본기는 해방 직후인 1948년 모친을 데리고 중국의 국공내전을 피해 익산으로 이주했다. 한국전쟁이 발발하자 추립곤 일가족은 만경의 화교 지인의 집으로 피란을 갔는데 그곳에서 현재의 3대 사장인 추적민鄒積敏이 태어났다. 추적민 사장의 가족사에는 이처럼 중국과 한국의 근현대사가 고스란히 녹아 있다.

추적민 사장은 1974년 충남 온양 출신 화교인 류국아 씨와 결혼하고 지금은 둘이 유성동을 경영하고 있다. 류 씨는 "1970년대와 1980년대에 종업원을 10여 명이나 둘 정도로 장사가 매우 잘됐다"라면서 "익산뿐 아니라 삼례, 김제, 부안, 대야, 함열 등에서도 손님이

---

* 면직물, 마직물, 견직물을 통틀어 이르는 말.

유성동의 추적민. 류국아 부부(위)와 모시와 삼베(아래)

많이 왔다", 이어 "당시 결혼할 때 신혼부부는 물론이고 가족, 친지에게 한복 등을 선물로 했고 환갑이나 칠순 잔치 때 주단포목의 수요가 대단했다"라고 전했다.

익산의 주단거리에는 유성동만 아니라 화교가 경영하는 협승창協勝昌, 덕순흥德順興, 고려주단高麗綢緞, 사해주단四海綢緞이 있었다. 정읍, 부안, 군산에도 화교 주단포목상점이 성업 중이었다. 그러나 1990년 대 들어 결혼 예물과 환갑·칠순 잔치 때 주단포목을 선물로 하는 경우가 급격히 줄어들고, 한복 대여가 유행하면서 이 장사는 급격히 쇠퇴의 길로 들어서게 된다.

류국아 씨는 "요즘은 장사가 되지 않아 점원을 둘 수가 없다. 예전에는 주단만 판매했지만, 지금은 이불도 팔고 한복도 대여하고 있다. 이러한 어려움에 직면해 화교 상점은 거의 문을 닫고 우리 가게와 협승창만이 명맥을 유지하고 있다"라고 말했다.

유성동이 3대에 걸쳐 80년을 넘는 역사를 지속하고 있는 비결은 무엇일까? "저희 아버님은 신용을 매우 강조하셨습니다. 나쁜 상품을 좋은 상품이라 절대 속이지 말라고 하셨어요. 손님이 제일이니 정성을 다해 모시라고 하셨습니다." 류 씨는 추본기 2대 사장으로부터 신용의 소중함을 배운 것이다.

화교 주단포목상점의 장부는 한국인의 상업 장부와 약간 다르다. 금액과 수량을 표기할 때 아라비아 숫자를 사용하지 않고 중국 전통의 소주숫자코드蘇州碼子를 사용한다. 예를 들면 숫자 '5五'는 'ㅇ'로, '4四'는 'ㄨ'로 표기하는 식이다. 추적민 사장은 "장부를 기록할 때 이전에는 소주숫자코드를 많이 사용했지만 요즘은 그렇지 않다"라면서, "그러나 아버지는 그 숫자코드만으로 장부를 기록했다"라고 밝혔다.

익산의 화교 주단포목상점은 유성동 이전에 이미 있었다. 1918년 화교 주천충周天忠이 경영하던 홍순동鴻順東 주단포목상점이 설립된 것이 확인된다. 1920년대는 소명신蕭銘新이 경영하는 신화흥新和興 주단포목상점도 있었다. 이 두 상점은 일본의 신용조사기관에 등재될 만큼 규모가 꽤 컸다.

익산의 화교 주단포목상점의 역사는 100년이나 되는 것이다. 류 씨는 "내가 시집왔을 때인 1970년대 중반 주단거리에는 4~5곳의 화교 경영 상점만 있었고, 그 이후 한국인 상점이 생겼다"라고 했다. 화교 주단포목상점이 주단거리의 역사에 중추적인 역할을 한 것으로 추정할 수 있는 대목이다.

화교 주단포목상점의 전성기

화교 주단포목상점 역사는 중국인의 조선 이주 초기인 1883년으로 거슬러 올라간다. 서울과 인천에 광동성과 산동성에서 진출한 화교 주단포목상점이 잇따라 개업했다. 이들 주단포목상점은 대부분 중국 현지 상업자본의 투자에 의해 설립됐다. 조선의 대표적인 주단포목상점으로 명성을 날린 서울과 인천의 유풍덕裕豊德, 덕순복德順福, 영래성永來盛, 금성동錦成東은 모두 산동성 연태에 본점을 두었다.

주단포목상점은 상해에서 영국산 면직물, 중국산 비단과 삼베를 대량 수입해 판매했다. 조선 시장 진출이 빨랐던 일본인 주단포목상점을 맹렬히 추격해 점차 시장을 빼앗아갔다. 1930년 전국의 화교

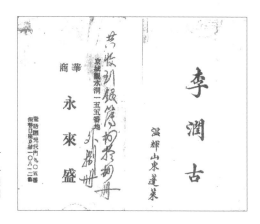

1930년 서울 영래성 주단포목상점 직원의 명함 (대만중앙연구원 근대사연구소 소장, 「업업세」, 『주한사관보존당안』)

주단포목상점은 2,116개에 달해 일본인 상점 714개보다 훨씬 많았다. 당시 조선인 주단포목상점은 8,302개였다. 화교 주단포목상점은 조선 전체의 상점 가운데 약 20퍼센트, 연간 판매액은 조선 전체 판매액의 30퍼센트를 차지했다. 일제강점기 조선의 2대 상업은 의衣와 식食을 담당하는 주단포목상과 곡물상이었다. 상업의 양대 축의 하나인 주단포목상 시장의 20~30퍼센트를 화교가 장악했다는 것은 놀라운 사실이다.

화교가 주단포목상의 상권을 장악한 원인은 크게 세 가지이다. 먼저, 화교 주단포목상점이 독점적으로 수입한 비단과 모시삼베는 중국 특산물이었다는 점이다. 두 상품은 조선의 대중 수입품 가운데 늘 상위에 랭크되는 수입품에 속했다. 조선에서 생산된 두 상품은 가격경쟁력과 품질경쟁력에서 도저히 중국산을 따라잡을 수 없었다.

둘째, 화교의 탄탄한 무역망을 들 수 있다. 서울과 인천의 대형 주단포목상점은 상해에 지점을 설치하거나 출장원을 파견해 중국인 경영 상점에서 중국산 삼베와 비단을 값싸게 독점적으로 수입했다. 이러한 화상 무역망은 매우 폐쇄적으로 운영되었기 때문에 조선인과 일본인 상인이 참가하는 것은 거의 불가능했다.

마지막으로 국내의 거미집 같은 화교 판매망이다. 서울과 인천의 대형 주단포목상점을 정점으로 각 지역의 주요 도시에 화교 도매상, 각 군 지역에 화교 소매상이 포진해 있었다. 화교 주단포목상점은 면 단위까지 침투했으며 산간 지역은 화교 행상을 통해 판매했다. 이들 화교 주단포목상점은 상호 유기적으로 연계하면서 상호협력시스템을 구축하고 있었다.

대형 주단포목상점인 유풍덕은 서울에 본점, 인천·부산·군산 등지에 지점을 두었다. 서울 본점의 점원은 30~40명이나 되었으며 연간 매상액은 당시의 화폐로 1,000만 원, 현재의 시가로 하면 1조 원에 가까운 매상을 올렸다. 유풍덕 본점은 일본 오사카, 상해, 연태 등지에서 주단포목을 수입하여 인천, 부산, 군산의 지점을 통해 주단포목을 판매했다. 일본산 면직물은 조선 내에서 판매했을 뿐 아니라 중국으로 재수출하기도 했다.

유풍덕의 최고경영자인 주신구周愼九는 미쓰이물산三井物産 조선지점에서 인삼을 중국에 수출하는 업무를 담당하다 유풍덕에 발탁된 인물이었다. 그는 경성중화상회의 주석, 여선중화상회연합회의 회장을 지내며 조선화교 사회를 대표하는 리더였다. 주신구뿐 아니라 화교 주단포목상점의 경영자는 각 지역 중화상회의 주석 혹은 회장을 맡아 화교 사회의 중추 역할을 담당했다.

유풍덕과 같은 대형 주단포목상점은 개인 소유가 아니라 중국 전통의 합과라는 합자조직으로 설립되었다. 재동財東, 즉 자본주로 칭하는 자는 대부분 본국에 있고, 조선에 거주하는 자는 적었다. 거래 및 기타 업무의 일체는 지배인이라고 칭해지는 장궤掌櫃에게 관리경영의 전권이 맡겨졌다. 그 밑에 외궤外櫃라는 대외거래 주임, 관장管賬이라는 회계 주임, 과계夥計라는 보통 점원의 종업원이 있었다.

점원의 급여 방법은 달랐다. 지배인은 노동력 출자의 일종인 재동(자본주)이기 때문에 이익 배당을 받았다. 별도의 급료가 지급되지는 않았지만, 생활비 보조금으로 양가전養家錢이라는 급여를 받았다. 과계의 급료는 노금勞金이라 칭하며 연급年給으로 받았다.

한국인이 중국인을 비하할 때 종종 사용하는 '짱깨' 혹은 '짱개'는 바로 지배인을 뜻하는 장궤에서 유래된 것이다. 주단포목상점의 종업원들이 지배인을 중국어로 '장구이'라고 부르는 것을 조선인이 듣고 '짱깨'로 와전된 것이 아닐까 한다. 또 '짱깨'와 함께 중국인을 비하하는 말로 사용되는 '짱꼴라'는 일본어의 '장코로チャンコロ'에서 온 속어이다. 일본이 대만을 식민통치할 때 한족 중국인을 비하하는 속어로 '장코로淸國奴*'라 불렀는데 일본인에 의해 조선에도 전해져 조선인이 발음하기 편한 '짱꼴라'로 변형된 것이다.

조선인 사이에서 화교 주단포목상점의 '장구이'는 부자의 대명사로 비쳤던 모양이다. 1938년 2월 발표된 김정구의 노래 〈왕서방연서〉의 가사는 이러하다.

비단이 장사 왕서방 / 명월이한테 반해서 / 비단이 팔아 모은 돈 / 통통 털어서 다 줬어 / 띵호와 띵호와 돈이가 없어도 띵호와 / 명월이하고 살아서 / 왕서방 죽어도 괜찮아 / 우리가 반해서 하하하 비단이 팔아서 띵호와

주단포목상의 장궤인 왕 씨가 기생 명월에게 반해서 돈을 다 날

---

* 청나라의 노예라는 뜻.

렸다는 내용이다. 이 노래는 화교 주단포목상이 많았고 그들이 부자라는 것을 은연중에 드러내는 내용이다.

조선총독부의 고관세 부과로 쇠퇴의 길을 걷다

그런데 '비단이 장사 왕서방'은 1920년대 들어 점차로 쇠퇴의 길에 들어선다. 조선총독부는 화교의 주단포목상점이 크게 번성하자 이를 매우 경계했다.

〈왕서방연서〉가 발표된 당시 화교 주단포목상은 중국산 비단이 아니라 일본산 비단을 판매하고 있었다. 높은 관세가 부과되기 전 중국산 비단 수입액은 1912~1924년에 연평균 324만 원이었고, 이는 당시 조선에서 소비되는 비단판매총액의 40퍼센트나 차지했다. 조선총독부는 1924년 중국산 비단에 100퍼센트의 관세를 부과한 후 중국산 비단은 시장에서 자취를 감췄다. 그 대신 일본산 비단이 시장을 대체했다. 불황에 허덕이고 있던 일본의 비단 제조업체가 정부에 중국산 비단의 조선 수입을 막아달라고 진정을 올린 정치적 결과였다.

그렇다고 화교 주단포목상점이 비단 장사를 그만둔 것은 아니었다. 일본의 비단 산지에서 일본산 비단을 직접 혹은 일본화교 무역망을 활용하여 수입·판매했다. 그러나 중국산 비단을 독점적으로 수입하여 판매하던 때와 달리 일본인 상점과 경쟁해야 했고, 일본 생산업자와의 가격 협상에서 불리한 위치에 처했기 때문에 예전과 같은 장사를 할 수 없었다.

중국산 모시삼베도 마찬가지이다. 중국산 모시삼베의 수입액은 1912~1928년에 연평균 426만 원으로 조선의 연간소비총액의 40퍼센트에 달하는 막대한 금액이었다. 조선총독부는 중국산 모시삼베가 일반 서민의 옷감인데 관세인상으로 가격이 갑자기 인상될 경우 사회적 불안이 초래될 것을 우려해 단계적인 관세인상을 추진했다. 그리고 일본산 모시삼베의 생산량은 미미한 수준이었기 때문에 일본 제조업자를 위한 정치적인 고려도 필요하지 않았다. 모시삼베에 대해 80퍼센트의 관세가 부과된 것은 중일전쟁 직후였다. 공장 제조의 인견이 대량으로 일본에서 수입되거나 조선에서 생산되어 중국산 모시삼베를 대체할 수 있었기 때문에 단행한 조치였다.

1931년 화교배척사건은 화교 주단포목상점의 국내 유통망을 망가뜨렸다. 이 사건으로 생명의 위협을 느낀 상점의 지배인과 점원은 주단포목상점의 문을 닫고 귀국했다. 화교 주단포목상점의 상품 유통은 서울과 인천의 화교 주단포목 수입상→각 부府의 도매상→각 군의 소매상→행상으로 이어지는 촘촘한 판매망을 구축하고 있었다. 화교배척사건으로 귀국이 두드러진 것은 농촌 지역 화교였다. 행상과 각 군 소재의 소매상이 상점 문을 닫고 귀국하자 이들에게 상품을 외상으로 공급하던 각 부 도매상의 자금을 압박했다. 이러한 도매상의 자금압박은, 유풍덕과 같은 서울과 인천의 주단포목수입상점이 도매상에게 외상으로 상품을 공급하고 있었기 때문에 연쇄적으로 영향을 받았다. 여기에다 조선의 금융기관이 화교 주단포목상점에 대출을 자제하면서 상점의 줄도산이 이어졌다. 유풍덕과 같이 자금이 풍부한 주단포목상점은 살아남았지만 서울과 인천의 덕순복, 금성동, 영래성과 같은 대형 상점도 문을 닫았다.

중일전쟁의 발발은 화교 주단포목상점의 세력을 더욱 위축시켰다. 일본의 적국의 국민이 된 화교의 절반이 귀국했으며, 그 가운데는 주단포목상점의 지배인과 점원도 많았다. 화교 주단포목상점은 전쟁 이전 1,500개에서 800개로 줄어들었다.

살아남은 화교 주단포목상점의 영업도 만만치 않았다. 주인천판사처가 1942년 인천부의 화교 주단포목상점의 영업 상태에 대해, "몇 차례 증세의 결과, 우리 쪽(중국)에서 수입하는 것은 거의 사라졌다. 오늘에 이르러 인천의 직물상은 총 9개이다. 대부분은 일본상품의 전매轉賣를 한다. 우리나라의 비단, 모시삼베는 일절 볼 수 없다"라고 본국에 보고한 것에서 화교 주단포목상의 쇠퇴를 읽을 수 있다.

조선총독부는 전쟁 수행을 위해 철저한 통제경제정책을 실시했다. 주단포목의 배급제가 시행되면서 화교 주단포목상점은 총독부가 배급하는 직물만 판매할 수 있었다. 영업이 제대로 이뤄질 수 없는 환경이었던 것이다. 화교 주단포목상점을 대표하던 유풍덕도 중일전쟁 말기에 접어들어 결국 문을 닫았고, 주신구 지배인도 중국으로 귀국했다. 유풍덕의 폐쇄는 화교 주단포목상점의 몰락을 상징하는 것이었다. 해방 후 화교 주단포목상점은 익산의 유성동과 같이 일부 명맥을 이어가는 상점이 남아 있을 뿐이었다.

솥과 양말 제조에 두각을 나타내다

일제강점기는 농업이 중심이었다. 농가는 농사를 위해 농기구와 솥이 필요했다. 이들 제품은 주물공장에서 제조되었는데 화교 주물공장의 생산품이 시장을 독점했다. 양말은 의복의 근대화 과정에서 등장했다. 화교는 양말직조공장을 세워 양말을 생산했다. 평양의 조선인 양말직조공장에 위협을 가할 정도로 발전했다. 화교는 어떻게 주물업과 양말직조의 두 제조업에서 두각을 나타낸 것일까?

솥 제작의 달인, 주물업 시장을 장악하다

2017년 7월 13일 하북성 동남부에 위치한 박두泊頭(보터우)를 방문했다. 이곳은 중국의 고속철高鐵을 타고 창주滄州(창저우)에 내린 후 자동차로 약 1시간 거리에 있는 중소도시이다. 박두시의 사문촌진寺門村鎭 가점촌賈店村은 시의 중심에서 다시 20~30분 자동차로 달려야 도착할 수 있는 전형적인 중국의 농촌이다.

이 마을의 가금해 서기는 멀리서 온 나를 반갑게 맞이해줬다. 한국으로 이주한 증조부인 가광발賈廣發의 가족 소식을 학수고대하고 있었기 때문이다. 가광발은 1910년대에 조선으로 이주한 후 화교 주물공장의 경영자로 크게 성공한 인물이다. 그는 일제강점기에 몇 개의 주물공장을 경영했으며, 해방 후에는 대구의 쌍화영雙和永 주물공장의 경영자로 활동하다 1960년대에 세상을 떠났다.

그의 아들인 가봉명賈鳳鳴과 가봉성賈鳳聲 씨는 잠시 주물공장 경영에 참여하다가 1980년대에 주물공장이 문을 닫자, 모두 미국으로

중국 하북성 박두시의 주물
공장

이민을 떠났다. 가봉성 씨는 이민 가기 전 오랫동안 대구화교중학의 교장을 지냈다.

가광발이 태어난 곳은 바로 가금해가 현재 거주하는 바로 그 집이었다. 그는 어떤 연유로 이 집을 떠나 조선으로 이주해 주물공장을 경영하게 된 것일까? 여기에 화교 주물업 100년의 역사가 숨겨져 있다. 화교 주물공장이 조선에 처음으로 설립된 것은 1910년대이다. 박두 출신 주물업자는 단동丹東(단둥)에 진출해 쌍합리雙合利, 복취성福聚成 주물공장을 설립하고 큰 성공을 거둔 후 조선에 진출했다.

조선 개항 후 일본과 중국에서 솥이 대량으로 수입됐는데 조선총독부가 이 상품에 수입관세를 인상하면서 중국에서 이전처럼 수출할 수 없게 되었다. 쌍합리와 복취성은 1910년대 단동과 마주하는 신의주에 먼저 주물공장을 설립해 솥을 생산했다.

신의주 주물공장의 솥 생산품이 값이 싼 데다 품질도 좋아 조선인 소비자로부터 인기를 끌어 큰 성공을 거두자 점차 남하해 각지에 주물공장을 세웠다. 화교 주물공장은 서울, 평양, 부산뿐만 아니라 전국 12개 도道 전 지역에 설립돼 1927년에는 총 46개에 달했다. 화교 주물공장이 주로 생산한 것은 솥, 난로, 농기구였다.

주물업은 기계산업의 가장 기초에 속하는 중요한 산업이다. 철을 용해해 특정 주형에 넣어 제품과 기계부품을 생산한다. 최첨단 휴대폰과 자동차도 주물업에 크게 의존한다. 일제강점기 조선의 주물업은, 일본인 경영의 주물공장이 주로 기계부품과 철도 관련 부품을 생산하고, 조선인 주물공장이 주로 솥과 농기구를 만들었다.

화교 주물공장과 조선인 주물공장은 솥 시장을 두고 치열한 경쟁을 펼쳤다. 주물공장 총생산에서 솥이 3할을 차지할 만큼 솥 시장은 매우 컸다. 조선의 각 농가에서 솥은 필수 불가결한 생활필수품이었기 때문이다.

당시 조선인의 주물공장은 옛날의 대장간 수준을 벗어나지 못했다. 이에 비해 화교 주물공장은 수동이 아닌 전동, 목탄이 아닌 코크스와 석탄을 사용해 솥을 제조했다. 조선인 주물공장이 제조한 솥은 크고 밑바닥이 두꺼운 반면, 화교 주물공장의 솥은 작으면서도 밑바닥이 얇았다. 화교 주물공장 제조의 솥은 열전도율이 높고 가벼웠다. 가격도 조선인 주물공장 제조의 솥과 비교해 큰 차이가 나지 않았기 때문에 화교 주물공장의 제품이 소비자로부터 큰 환영을 받았다.

이 때문에 화교 주물공장은 조선의 솥 시장에서 전체의 7할을 차지하며 독점적인 지위를 구축했다. 화교 주물공장은 솥을 제조하는 조선인 및 일본인 주물공장보다 3배나 많았다. 46개의 화교 주물공장은 상호 관계가 있었다. 화교 주물공장은 독자적으로 운영되는 것이 아니라 큰 본점의 공장이 몇 개의 지점 공장을 경영하는 시스템을 갖추고 있었다.

화교 주물공장은 크게 송씨宋氏 계열공장과 한씨韓氏 계열공장으로 나눠져 있었다. 송씨계열공장에는 복취성과 복취합福聚合(이하 공장주 송량명), 복취동福聚東(송만명), 쌍화상雙和祥(송지명), 쌍화리雙和利와 쌍화영雙和永(이하 가광발)이 포함된다. 이들 송씨계열공장의 상호에는 '복'과 '쌍화'를 공통으로 붙인 공장이 많다. 한씨계열주물공장은 모두 한씨 성을 가진 공장주가 주물공장을 경영했다. 한씨계열공장은 동흥공同興公(한문청), 쌍성공雙成公(한문원), 영성공永盛公(한문생)이 속했다.

흥미로운 것은 이들 모든 공장주의 출신지가 박두라는 점이다. 박두는 중국 3대 주물산지의 하나로 명나라 때부터 시작, 청나라 때는 '주조의 고향'이라는 명칭을 얻을 정도로 발전했다. 1930년경 박두의 주물공장은 200개에 달했으며, 직공은 4,000~5,000명에 달했다.

박두의 주조업 명성은 아직도 이어지고 있다. 박두시 소재 주물공장은 약 500개나 된다. 박두시 교하현交河縣 신화가新華街에 자리한 주물공장인 하북윤발기계유한공사의 직공 왕요휘王耀輝는 50년 이상 주물업에 종사한 숙련공이다. 그는 "어릴 때 각 집에는 작은 용광로를 설치해 주물제조를 했고 일상생활에 필요한 솥, 농기구, 난로 등을 제조해 판매했다"라면서 "박두 출신의 주물 기술자는 중국 각지에 진출해 그곳에서 주물공장을 세워 큰 성공을 거뒀다"라고 말했다.

박두시의 주물공장은 이전의 초보적인 주물제조를 벗어나 최근에는 자동차 부품 등 고부가가치의 제품을 생산하고 있다. 박두시의 또 다른 주물공장인 창주서부특금속제품유한공사의 이사장인 단옥해 씨는 "일반 제품뿐 아니라 주물을 활용한 가로등, 각종 예술품 등을 제작해 한국, 일본, 미국 등으로 수출하고 있다"라고 설명했다.

가광발이 박두에서 신의주로 이주한 것은 1910년대 중반으로 보인다. 그는 처음에 자본을 투자하는 동가가 아닌 노동력을 제공하는 서가로 참가했다. 그는 송씨계열주물공장의 전문경영인으로 발탁됐고, 탁월한 경영 능력으로 공장을 늘려갔다.

　화교 주물공장에서 일하는 직공은 1930년에 712명에 달했는데 대부분은 박두에서 데리고 온 노동자였다. 박두는 주물업이 발달한 지역이기 때문에 이곳 출신 직공은 누구나 어느 정도의 주물 기술을 가지고 있었고, 경영자와 같은 동향인이기 때문에 믿고 일을 맡길 수 있었다.

　조선화교는 일제강점기 때부터 산동성 출신이 8~9할을 차지했다. 그런데 이 주물업 종사자만은 하북성 박두시 출신 화교가 차지하고 있다는 것은 매우 흥미롭다. 송씨계열주물공장은 신의주의 복취성 주물공장이 본점의 역할을 하고 조선 각지의 계열 주물공장을 산하에 뒀다. 각 계열 주물공장의 수입은 모두 단동의 본사에 보고를 하고 분배하도록 되어 있었다. 원료인 코크스와 석탄을 구입할 때는 본사가 일괄해서 대량구매를 했다.

　중일전쟁 시기 선철 부족과 통제경제로 인해 화교 주물공장의 수는 이전의 3분의 1 수준으로 감소했다. 또한 중화인민공화국의 건국과 남북 분단으로 인해 단동과 한국의 주물공장 간의 연락이 두절되면서 송씨계열주물공장은 서울의 쌍화상이 본점의 역할을 했다. 화교 주물공장은 해방 직후인 1949년 12개가 가동되고 있었다. 서울의 쌍화상을 비롯해 같은 계열인 대구의 쌍화영, 부산의 쌍화흥이 있었으며 그 외 서울에는 화흥, 태흥, 쌍흥이 존재했다. 화교 주물공장은 1960년대까지만 해도 경기가 좋아 1957년에는 14개로 증가했다. 반면, 북한의 화교 주물공장은 집단화 조치로 1950년대 말에는 거의 사라졌다.

한국의 화교 주물업은 1970년대 들어 석탄과 고철 가격이 상승하고, 산업화에 따른 농민의 대량 도시 이주로 수요가 감소한 데다, 알루미늄을 비롯한 새로운 제품이 등장해 위기에 봉착했다. 화교 주물공장은 전통적 제조방식과 경영 방식의 혁신을 하지 못해 정체 상태에 빠졌다.

설상가상으로 주물공장은 공해산업으로 분류돼 시외로 이전을 해야 했고 이 과정에서 공장을 그만두는 경우가 속출했다. 서울의 쌍화상과 대구의 쌍화영은 1980년대 초 문을 닫았다. 두 공장의 경영에 참여하던 가씨와 송씨 집안 화교는 미국으로 이주했다.

이러한 어려움 가운데서도 화교 주물공장은 아직도 명맥을 유지

1965년 유성에 모인 한국화교 주물공장의
사장들 ⓒ 왕지성

하고 있다. 부산의 동창주조창東昌鑄造廠, 창원의 쌍화흥주조창雙和興鑄造廠, 광주의 동흥주물東興鑄物과 대흥주물공장大興鑄物工場 4개가 철강 주조업으로 화교 주물업 100년의 역사를 잇고 있다.

화교 양말제조의 중심지, 신의주

우리의 일상 가운데 빼놓을 수 없는 것 중의 하나가 양말이다. 조선인은 원래 버선을 신었는데 버선을 한자로 말襪이라 했다. 개항 이후 조선에 양말이 전해져 오고 서양식 버선이란 뜻에서 양말이라 불렀다. 1919년대 후반 조선에서 서양식 생활양식이 보급되고 양복과 양화의 착용이 유행하면서 먼저 사회의 상류층에서 양말의 수요가 나타났다. 1920년대 초 일반 민중 사이에서 고무화의 착용이 증가함에 따라 양말에 대한 수요는 사회 전반으로 확산되었다. 그런데 평양의 조선인 양말제조업은 일제강점기 일본인 자본을 압도한 얼마 안 되는 민족 산업이었다. 그런데 그 최대의 경쟁자는 신의주의 화교 양말직조공장이었다.

평양에 조선인 양말직조공장이 처음으로 세워진 것은 1906년이었다. 양말 수요가 점차 증가하자 공장은 1918년에 8개로 증가했다. 조선의 양말 자급률은 1918~1920년 연평균 50퍼센트에 머물러 일본과 중국에서 수입하는 실정이었다. 1920년대 들어 수요가 폭발적으로 증가하자 평양에는 조선인 양말직조공장이 급증했다.

화교의 양말직조공장은 1920년대 들어 신의주에 들어서기 시작했다. 꽤 규모가 큰 양말공장은 1922년 1월 신의주부 진사정眞砂町에 설립된 영성동永成東이었다. 직공은 28명이고 연간 생산액이 1만 3,200원에 달하는 꽤 규모가 있는 공장이었다. 이 공장을 설립한 것은 같은 진사정에 위치한 주단포목상점인 영성동이었다. 영성동 외에 항흥화恒興和, 영순상永順祥도 신의주의 주단포목상점에 의해 설립되었으며 모두 상점의 빈 곳을 이용하여 직조기를 설치해 양말을 직조했다. 화교의 상업자본이 산업자본에 투자한 것이다.

조선의 주요 화교 양말직조공장 16개 가운데 13개가 신의주에 집중되어 있었다. 그 이유는 신의주의 대안인 단동(당시 안동)과 관계가 있다. 양말이 1879년 중국에 처음으로 수입된 이래 중국은 오랫동안 양말을 수입에 의존했지만, 제1차 세계대전을 계기로 유럽에서 수입이 단절되자 중국인의 양말제조업은 본격적인 발전을 맞이했다. 단동은 중국 내 양말제조업이 발전한 도시 중 하나였다. 단동의 양말공장인 옥원무玉源茂와 동흥항同興恒이 신의주에 진출하여 각각 지점을 설립한 것은 단동의 산업자본이 신의주에 진출한 사례라 할 수 있다. 신의주의 양말공장이 사용하는 직조기는 단동을 통해 중국에서 수입된 것이었다.

신의주를 비롯한 평안북도 화교 양말직조공장의 생산량은 1924년 4만 800타打(1타는 12켤레), 1928년에는 12만 9,663타로 급증하여 평양을 비롯한 평안남도 조선인 양말직조공장의 생산량을 맹추격해 5분의 1 수준까지 따라갔다. 평양상업회의소는 화교 양말직조공장이 "평양업계의 일대 강적이 될 것"이라고 경계했다. 후발주자인 화교 양말직조공장이 이처럼 평양의 조선인 양말직조공장을 위협하는 수준까지 발전한 데는 다음과 같은 원인이 있었다.

먼저 화교 양말직조공장이 생산한 제품은 평양의 제품보다 값이 상대적으로 저렴했다. 화교 공장은 대부분 화교 직공을 고용하고, 화교 직공의 임금은 조선인 직공 임금의 절반에 불과했다. 그리고 화교 공장은 조선인 공장에 비해 장시간 노동하고, 연간 노동일수가 더 많았고, 미성년 노동자의 비중이 더 높았다. 임금이 양말 생산 원가에서 2할을 차지할 만큼 높은 비중이었기 때문에 화교 양말직조공장의 제품 가격이 보다 저렴했던 것이다.

화교 직공의 저렴한 임금은 평양 조선인 직공의 '1925년 양말쟁의'의 원인이 되기도 했다. 경흥공창은 평양 주단포목상점인 경흥덕의 자본이 투자된 양말직조공장으로 화교 직공 10명을 고용했다. 평양 양말직조공장의 조선인 직공조합은 화교 직공의 고용으로 조선인 직공 임금이 인하된다는 이유로 동맹파업을 했다. 결국 평양부 당국의 중재로 더 이상 화교 직공을 고용하지 않는다는 조건으로 일단락됐다.

또 하나는 신의주 화교 양말직조공장이 탄탄한 판매망을 구축하고 있었다는 점이다. 평양의 주단포목상점은 그들이 생산한 양말을 조선 전역의 소매상에게 판매하는 역할을 했다. 이처럼 제조와 판매 모두 원활하게 이뤄졌던 것이다.

그러나 신의주의 화교 양말직조공장은 1930년대 들어 급격히 쇠퇴의 길로 들어섰다. 평양의 조선인 양말직조공장이 자동 직조기를 도입하고 직공의 임금 인하를 단행하여 화교 양말직조공장의 제품 가격수준에 거의 육박했다. 여기에다 1931년 화교배척사건으로 평양의 주단포목상점이 줄도산하고 신의주 화교 양말직조공장의 판매망이 붕괴되었다. 두 가지 요인으로 인해 신의주의 화교 양말직조공장은 잇따라 문을 닫았으며 중일전쟁 시기에는 1~2개의 공장이 명맥을 유지하는 데 그쳤다. 화교 양말직조공장의 쇠퇴는 평양 조선인 양말제조업에 독점적인 지위를 부여하게 된다.

六

종교건축을 도맡아 시공한 화교 건축회사와 기술자

쿨리苦力, Coolie라는 말은 해외에서 저임금으로 고용된 단순하고 가혹한 노동에 종사하는 중국인 노동자인 화공華工을 가리킨다. 화공은 19세기 중엽부터 미국, 중남미, 남아프리카 공화국의 탄광으로 많이 이주했지만, 조선도 예외는 아니었다. 조선화교 인구의 3~4할은 화공이 차지할 정도로 많았으며, 그들은 조선의 각종 철도 및 도로공사와 염전, 탄광에서 노동했다. 화공 가운데는 기술자도 존재했는데, 화교 건축회사에 고용되어 근대 건축물 시공의 큰 역할을 담당했다.

명동성당 시공을 주도한 화교 건축기술자

서울 명동성당과 약현성당, 인천 답동성당, 전북 전주 전동성당, 대구의 계산성당·성모당·샬트르 성바오로 수녀원, 전북 익산 나바위성당(화산성당), 경북 칠곡 가실성당, 충남 아산 공세리성당, 강원도 횡성 풍수원성당. 이들 성당과 가톨릭 관련 건축물은 한국의 중요한 근대유산으로 가톨릭 신자는 물론 일반인의 많은 사랑을 받고 있다.

이들 대표적인 성당건축물의 설계는 파리 외방전교회 소속으로 조선에 온 외국인 선교사가 했다. 그러나 하나의 성당건축이 완성되려면 훌륭한 설계도면만 있어서는 안 된다. 설계도면에 근거해 건축 재료를 활용해 공사할 수 있는 건축회사와 직공(기술자)이 필요하다.

이 건축물은 화교 건축기술자가 직간접적으로 참가해 시공한 것과 붉은 벽돌 혹은 회색 벽돌을 사용한 벽돌조적組積의 건축물이라는 공통점을 가지고 있다. 화공이 이들 벽돌조적 종교건축의 시공에 참가하게 된 데는 이유가 있었다.

먼저 당시 조선의 건축물 가운데 벽돌건축물은 거의 전무한 상태로 벽돌제조와 벽돌조적의 기술을 보유한 직공이 거의 없었다는 점이다. 또한 벽돌제조와 조적의 기술을 가진 일본인 건축기술자가 있었는데도 불구하고 화교 건축회사와 화공이 그들보다 더 많이 채용 및 동원된 데는 그들만의 경쟁력을 가지고 있었기 때문이었다.

일본인 건축기술자이자 1907년 당시 서울 YMCA회관 건축공사의 주임감독으로서 화교 직공의 작업 태도를 관찰한 가네코 세타로金子政太郎는 화교 건축회사 및 화공의 경쟁력을 일본인과 비교해 다음과 같이 지적했다.

첫째, 화교 건축회사와 화공 사이는 주종의 관계로 화기애애한 가족경영이 이뤄지고 있다는 점. 둘째, 화교 건축회사와 화공의 작업 태도가 매우 성실하다는 점. 셋째, 화공은 공사 감독자의 지시에 순종하고 공기工期를 예정보다 빨리 마무리한다는 점. 넷째, 화공의 임금이 조선인과 일본인보다 저렴해 공사 수주 가격이 싸다는 점. 대체로 화교 건축회사는 일본인 건축회사 수주가의 70~80퍼센트로 공사가 가능했다. 이러한 공사가 가능한 것은 화공의 싼 임금이 근저에 있었다. 다섯째, 화공은 벽돌조적과 석공 기술이 조선인이나 일본인보다 우수했다는 점.

미국 남장로회의 스와인하트Swinehart 선교사는 광주와 순천 지역의 개신교 관련 건축물의 대부분을 설계한 인물이다. 그는 15년간 함께 화교 건축회사와 공사한 경험을 토대로 그들의 장점을 세 가지로 소개했다.

첫째, 직공의 선택과 재료의 사용에서부터 완성까지 전반적으로 균형이 잘 잡혀 있고 실행력이 높다는 점. 둘째, 건축 자재를 스스로 지킬 수 있기 때문에 도난을 방지할 수 있다는 점. 셋째, 미국의 일반적인 견실한 건축회사의 활동과 비교적 유사하다는 점.

가네코 세타로와 스와인하트가 지적하는 화교 건축회사와 화공의 장점이 거의 유사한 것을 알 수 있다.

　서울 명동성당은 근대 한국 종교건축을 대표하는 건축물이다. 이
성당은 프랑스인 코스트^{Coste} 신부의 설계로 1892년 5월 8일부터 공
사가 시작돼 1898년 5월 29일 축성식이 거행될 때까지 약 6년에 걸
쳐 완성됐다. 이는 서울의 약현성당 공사가 1891년 10월 21일부터
1892년 11월 6일까지 약 1년에 그친 것과 비교된다. 약현성당은 이
후 소형 성당건축, 명동성당은 대형 성당건축의 모델이 된다.

　명동성당의 벽돌쌓기는 1892년 7월 27일부터 시작됐는데 공사
는 화교 벽돌조적공이 담당했다. 성당의 벽은 붉은 벽돌을 쌓고 그
사이사이 버팀벽을 회색 벽돌로 쌓아 좋은 효과를 내려 했다. 화교
벽돌조적공이 사용하는 벽돌은 성당 근처 벽돌공장에서 직접 구워

낸 것으로, 벽돌제조도 화교 벽돌제조공이 담당했다. 당시 성당 시공에 참여한 화교 직공은 벽돌제조직공 4명, 벽돌조적공 22명이었다.

화교 및 조선인 벽돌조적공의 공사 감독은 화교 진陳베드로가 담당했다. 그는 산동성 출신의 가톨릭 신자로 조선대목구 뮈텔 주교의 큰 신망을 받는 인물이었다. 진베드로는 명동성당 완공 후 서울의 샬트르 성바오로 수녀원의 건축을 담당했다. 1897년 8월 시작된 이 공사는 1900년 9월 8일 완공됐다. 이 건축물의 직공은 명동성당 시공 참가자가 그대로 맡았다.

한국 샬트르 성바오로 수도회의 85주년지에는 "이 집을 지을 때 명동 대성당을 짓던 청국 사람인 베드로라는 성실한 교우에게 맡겼다"라고 언급돼 있다. 진베드로는 샬트르 성바오로 수녀원이 완공된 후, 1901~1903년에 건축된 대구 계산성당의 시공에 참가했다. 계산성당은 1899년 원래 한옥형 성당으로 건축됐지만, 현재 지진으로 인한 화재로 소실된 상태이다. 로베르 신부가 설계한 계산성당은 진베드로의 감독으로 공사가 진행됐다.

이 공사에는 화공 28명이 참여했으며, 조선인 직공과 같이 공사를 했다. 진베드로는 1909~1910년에 건축된 횡성의 풍수원성당 시공에도 참여했다. 조선의 가톨릭은 서울에 조선대목구가 설립된 후, 1911년에는 서울과 대구대목구로 분리됐다. 프랑스인 드망즈 신부가 1911년 6월 대구대목구의 교구장으로 부임한 뒤, 대목구에 걸맞게 각종 가톨릭 관련 건축물을 시공했다.

1910년대와 1920년대는 대구대목구의 '건축의 시기'라 할 정도로 각종 가톨릭 건축물이 세워졌다. 설계는 프랑스인 신부, 시공은 대체로 화교 건축회사인 쌍흥호雙興號가 맡았다. 1930년 10월 화교 건축회사는 46개에 달했다. 전체의 약 4할은 서울과 인천에 집중되어 있었으나, 대구에도 2곳이 있었다.

주요한 화교 건축회사는 서울의 복음건축창福音建築廠, 쌍흥호, 사도소司徒紹와 강조인江兆仁 경영의 건축회사였다. 대구의 쌍흥호는 서울 쌍흥호의 지점과 같은 회사로 경영주는 강의관姜義寬이었다.

강의관은 1910년대 대구로 이주해 드망주 주교의 신뢰 속에서 대구대목구 대부분의 성당건축물 시공에 참여했다. 그는 화교 벽돌 조적공과 함께 김수환 추기경이 다닌 성유스티노신학교의 건축 시공에 참여하고 제대祭臺의 석대를 기증하기도 했다.

그는 1915년에 성바오로 수녀회의 코미넷관을 시공했다. 코미넷관의 1층은 예배실과 유아원, 2층은 침실, 지하는 식당 및 창고로 사용됐으며 지금도 보존이 아주 잘되어 있는 편이다. 대구대목구의 자랑인 성모당聖母堂, 대목구의 주교좌 성당인 계산성당의 증축공사도 강의관이 이끄는 쌍흥호 및 화교 직공이 참가했다.

강의관은 산동성 황현黃縣 출신이었다. 그는 당시 대구부 남산정南山町 190번지에 자리한 쌍흥호를 경영했다. 대구 쌍흥호는 당시 전국의 화교 건축회사 가운데 7번째로 규모가 큰 회사였다. 그는 가톨릭신자로 중국식 세례명은 강방지거姜方濟各, 한국식으로 하면 강프란치스코였다. 진베드로와 같이 그도 독실한 가톨릭 신자였다.

1920년 4월 쌍흥호에 새로운 직원이 한 명 채용된다. 이름은 모

쌍흥호가 시공한 대구 성모당

문금慕文錦. 강의관과 동향인 산동성 황현 출신이었다. 그는 1904년 황현의 사숙私塾에 입학하고 1912년 12월 12일 사숙을 휴학한다. 1913년 3월 15일 서울로 이주해 정동에 있던 쌍흥호의 서기로 취직하고, 쌍흥호에서 실력을 인정받아 1915년 4월 1일부터 설계사로 승진한다. 1920년 4월에는 대구 쌍흥호의 책임지배인으로 취직하고, 경영자인 강의관 밑에서 쌍흥호의 각종 시공에 참여했다. 강의관과 모문금이 함께 시공에 참여한 것이 확인되는 건축물은 경북 칠곡군에 있는 가실성당이다.

가실성당의 신도인 조선인 강라파엘은 이때의 성당 공사에 대해 다음과 같이 증언했다.

"여동선(투르뇌) 신부는 먼저 벽돌을 구울 중국인 기술자 7~8명을 초청하고 칠곡에서 중국인 모 씨를 감독으로 해 성당건축에 사용할 벽돌을 구웠다. 다른 중국인 강 씨를 총감독으로 공사가 재개됐다. 구운 벽돌이 다 준비되자, 중국인 건축기술자들이 벽돌을 쌓아 올려 성전과 사택 건물을 지었다."

여기서 '중국인 강 씨'는 바로 강의관이며, '중국인 모 씨'는 모문금이다. 화교 건축회사와 직공이 가톨릭 건축물만 시공한 것은 아니었다.

화교 건축회사 경영자인 모문서慕文序는 안동교회(1912), 서울 승동교회(1913), 평양 숭실전문학교(1928)를 시공했다. 해리 장Harry Chang은 서울 YMCA회관(1908), 서울 새문안교회(1910), 그리고 왕공온王公溫(1892~1982)은 경성성서학원(1921), 이화학당 프라이홀Freyhall(1923), 조선기독교서회(1931), 이화여전 신촌교사 음악당, 체육관, 대강당(1935), 조선일보사옥(1935), 안동교회 석조예배당(1937) 등을 시공했다.

해리 장과 왕공온은 독실한 개신교 신자였다. 해리 장의 중국어 성명은 분명하지 않지만 여러 정황으로 볼 때 장시영張時英(1856~1921)이 거의 틀림없다. 그는 산동성 봉래현蓬萊縣 출신으로 1888년경 조선으로 이주하고 1900년 소공동에 주단포목상점인 부리호傅利號와 건축청부회사인 동성목창東成木廠(후에 동성호로 개칭)을 설립했다. 언더우드 등 서양 선교사는 그를 '중국인 기독교인'으로 불렀으며, 신앙에 근거하여 각종 기부활동에도 적극적으로 참가했다. 또한 1910년대 경성중화총상회의 회장을 다년간 역임하고 1921년 서울에서 사망했다. 그의 대표적인 건축시공 작품은 서울 YMCA회관이었다. 주임감독인 일본인 가네코 세타로가 입이 마르도록 칭찬한 화교 건축회사의 업주가 바로 장시영이었다.

왕공온은 장시영과 같은 동향인 봉래현 출신으로 1906년경 서울로 이주했다. 동향 선배인 장시영이 경영하던 동성호에 입사하여 건축시공의 일을 배웠다. 1918년 서양 선교사의 부흥집회에 참석하여 감동을 받고 개신교에 귀의했고, 한성중화기독교회의 교인이 되어 세례를 받았다. 그는 한성중화기독교회의 장로로서 이 교회를 재정적으로 지탱하는 후원자였고 각종 구제활동에도 적극 참가했다. 1920년 복음건축창福音建築廠을 설립했고, 서울의 개신교 관련 건축시공을 도맡았다. 1923년 복음건축창의 연간 매상액은 10만 원에 달해 2위의 쌍흥호를 훨씬 능가하는 독보적인 지위를 차지했다. 그는 1930년대 경성중화상회의 주석을 지내며 조선화교 사회의 지도자 역할을 했다.

노동시장 판도를 바꾼 화공

가톨릭과 개신교의 종교건축시공에 종사한 화공은 벽돌제조 및 조적과 석공 기술자였다. 이러한 소수의 숙련노동자 외에는 단순 육체노동자의 화공이 대부분이었다. 이러한 화공은 단체로 그리고 다수로 이주하기 때문에 이주지에서 다양한 문제가 발생했다.

조선의 화공을 둘러싼 대표적인 사건은 현 북한 남포의 광량만염전 축조공사에 고용된 화공문제였다. 조선정부 및 통감부가 광량만염전을 축조한 배경은 청국산의 값싼 천일염이 대량으로 조선에 수입되었기 때문이었다. 청국산 수입 소금은 조선 소금 소비총액의 4분의 1을 차지해 조선의 제염업에 큰 타격을 주었다. 통감부는 청국

화공이 시공에 참가한
진남포의 광량만염전
(仲摩照久 編(1930),
278쪽).

산 소금의 수입방지 필요성에서, 지질적 및 기후적으로 적합한 광량
만에 천일염전을 축조하기로 하고 임금이 싼 화공을 대량으로 동원
하게 된다.

이 축조공사에 1909년도 808명, 1910년도 3,000명 이상의 화공
이 산동성을 비롯한 화북에서 모집되어 광량만으로 이주했다. 1909
년 화공이 작업 현장에 도착하자마자 대부분 도주하는 사건이 발생
했다. 화공을 위한 숙박시설이 제대로 갖춰지지 않았을 뿐 아니라 찬
바닷물에 다리를 넣은 채 작업하는 것이 힘들었다는 게 겉으로 드러
난 원인이었다.

더 근본적인 원인은 이 축조공사를 담당하는 일본인 토목회사와
화공을 대표하는 초공두招工頭* 사이에 맺은 계약서에 있었다. 20여
명의 화공은 소공두小工頭**가 인솔하고, 이들 소공두 5명을 다시 대
공두大工頭가 지휘하는 구조로 되어 있었다. 초공두가 화공을 대표하

여 토목회사와 맺은 계약은 저임금, 장시간 노동이 포함된 화공에게 일방적으로 불리했다. 도주한 화공은 청국의 진남포영사관과 진남포화상공회에게 하루속히 자신들을 고향으로 송환해줄 것을 요청해 양국 간의 외교적 마찰이 발생했다. 통감부는 이 사건이 일본과 청국 간의 외교적 문제로 확대되는 것을 우려해 토목회사에 화공의 여비와 밀린 임금을 지급하도록 지시했고 문제는 일단락됐다.

통감부는 1910년에 똑같은 문제가 발생하지 않도록 토목회사와 초공두 간의 모범적인 계약서를 작성해 청국의 진남포영사관에 협조를 구했다. 이번에는 청국 지방관의 협조를 얻어 화공을 모집했다. 계약서에는 이전보다 개선된 임금, 진남포영사관 경찰의 작업 현장 파견 및 주재가 포함되었고, 이것은 1909년보다 개선된 내용이었다. 이러한 계약서 때문에 1910년에는 척박한 작업환경을 견디다 못해 도주한 화공이 있었지만, 계약서에 의거하여 문제를 처리해 양국 간 외교적 문제로 비화되지는 않았다.

이처럼 일제강점기 이전 다수의 화공이 광량만염전공사에 종사하고 있었는데 그 외에 운산금광, 용암포 항만개발, 벽돌공장 등에도 많이 종사하고 있었다. 그 주요한 원인은 조선정부가 화공의 조선 이주를 제약하는 어떠한 조치도 취하지 않은 데 있었다. 청일전쟁 직후 일본의 압력으로 중국인의 조선 이주와 거주를 제한하는 「청상보호규칙」을 공포했지만 실제로 시행되지는 못했다.

일제강점 후 조선총독부는 중국인 노동자의 조선 이주를 규제하는 통감부령 제52호를 1910년 8월 공포했다. 통감부령 제52호는 개항장 이외의 지역에서 '노동에 종사하는 자'는 지방장관의 허가를 받도록 했다. 노동에 종사하는 자는 '농업, 어업, 광업, 토목, 건축, 제조, 운반, 인력거, 항만노동 기타 잡역에 종사하는 자'로 규정했다. 조선총독부의 제2인자인 정무총감政務總監은 1911년 3월 각 지방장관 앞으로 '청국인노동자 내지거주허가에 관한 건'을 하달하여 화공의 거주 및 노동 허가를 관할 경찰서가 담당하도록 했다. 그리고 관영 및 민영 사업체가 화공을 고용할 때는 양적으로 제한하는 허가제를 도입했다.

그러나 조선총독부는 이러한 원칙을 엄격히 적용하지 않았다. 그 배경에는 화공의 조선 이주를 엄격히 제한하면 중국정부가 조선인의 만주 이주를 제한할 우려가 있다고 판단했기 때문이다. 일본은 만주 침략의 야욕을 가지고 조선인을 만주로 이주시키는 정책을 펴고 있던 터라 중국인의 조선 이주를 제한하지 못했다. 이러한 조치는 일본정부가 화공의 일본 입국을 삼파도三把刀 외에는 원천적으로 금지한 것과 비교된다. 조선화교가 일본화교 인구를 1910년 이후 능가하고, 줄곧 2~3배 많았던 것은 이러한 일본의 이중적인 정책에서 초래된 결과였다.

화공의 인구는 1933년 3만 7,732명에서 1934년에는 4만 9,334명, 1935년에는 5만 7,639명, 1936년에는 6만 3,981명에 달했다. 1930년 10월 조선의 토목건축노동자 인구 가운데 화공이 차지하는 비중은 전체의 13.3퍼센트를 차지했는데, 특히, 단순육체노동자인 석공과 토공만을 놓고 보면 전체의 23퍼센트를 화공이 차지했다. 4명 중 1명은 화공이었던 셈이다. 화공은 토목건축뿐 아니라 공장, 탄광, 수리시설, 철도 및 도로공사 등 거의 모든 노동현장에 종사했다.

화공의 인구가 급증한 원인은 어디에 있을까? 먼저 화공의 이주를 유인한 조선의 풀Pull 요인을 들 수 있다. 조선총독부가 경제적 수탈을 위한 각종 산업개발을 실시하여 노동력 수요가 전반적으로 증가했고, 화공은 임금이 싸면서도 성실히 일을 잘하기 때문이었다. 임금도 조선이 화공의 고향보다 훨씬 비쌌다. 중국의 푸시Push 요인은 화공의 고향인 산동성, 하북성의 경제적 곤궁과 각종 천재지변, 정치적 불안 등을 들 수 있다.

1920년대와 1930년대 화공의 급속한 증가는 조선의 노동시장에 큰 영향을 주었다. 조선인 노동자는 싼 임금의 화공으로 인해 일자리를 잃게 되자 화공에 대한 감정이 악화되었다. 공사현장에서 조선인 노동자와 화공 간의 마찰과 충돌이 끊이지 않았다. 조선의 노동계는 조선총독부에게 화공의 유입을 금지해달라고 요청했지만 받아들여지지 않았다. 1931년 화교배척사건의 발생 원인 중 하나로 조선인 노동자의 화공에 대한 잠재된 '악감정'을 빼놓을 수 없다.

조선총독부는 일본의 괴뢰인 만주국을 수립한 후, 중국인이 조선에 입국할 때는 1934년 9월 1일부터 반드시 100원을 소지해야 한다는 이른바 제시금제도를 시행했다. 만주국 건국으로 조선인의 만주 이주에 대해 더 이상 중국정부의 보복을 우려하지 않아도 되었기 때문이다. 그러나 이 제도는 단체로 이주하는 화공은 제시금을 면제해 주었기 때문에 화공의 조선 이주는 감소하지 않았고, 오히려 중일전쟁 시기에 증가했다.

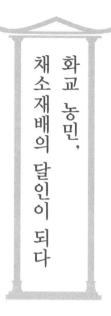

화교 농민, 채소재배의 달인이 되다

채소를 뺀 요리는 상상할 수 없다. 화농은 조선에 이주한 후 채소재배 분야에서 큰 두각을 나타내며, 주요 도시의 채소시장에 상업용 채소를 독점적으로 공급했다. 화농은 어떠한 경위로 채소재배를 하게 되었는지, 어떤 채소재배 기술을 보유하고 있었는지, 채소를 어떻게 판매했는지 추적해보자.

인천 최초의 채소시장을 열다

인천시 중구 신포시장은 닭강정으로 유명하다. 그런데 이 시장의 빈터에 화농이 재배한 채소를 판매하는 시장을 형상화한 조형물이 있는 것을 아는 사람은 별로 없다. 이 조형물이 이곳에 설치된 데는 다음과 같은 사연이 있다.

신포시장 일대는 원래 화교가 많이 거주하던 지역이었다. 인천 제2의 청국조계라 할 수 있는 삼리채三里寨(현재의 경동네거리 부근)가 주변에 있었고 경인가도로 가는 길목에 자리했기 때문에 내리內里(현재의 내동)와 함께 상업이 발달한 지역이었다.

신포시장 일대는 채소시장이 세워지기 전 매일 아침 화교, 조선인, 일본인이 노상에서 채소를 내어놓고 소매로 판매하던 곳이었다.

인천 신포시장에 세워진 채소 판매
조형물

화농은 일정한 판매장소가 없어 불편한 것에 착목해 신포시장에 부동산을 소유하고 있던 화상 진덕흥陳德興의 건물에서 채소를 판매하기 시작했다. 이것이 화교 상설 채소시장의 시작이다.

인천과 부천 지역 화농을 중심으로 농회라 할 수 있는 인천농업공의회仁川農業公議會가 조직된 것은 1912년이었다. 공의회는 진덕흥의 건물을 임차하여 화농 회원의 채소를 판매하고 그 관리도 담당했다. 이 채소시장은 일제강점기 때 신정新町 채소시장으로 불리었고, 1924년 당시 부지 220평에 목조아연지붕의 건물이었다. 화교 채소상인은 건물 내에 판매대를 설치하여 채소를 도매 혹은 소매로 판매했다. 조선인 및 일본인 농민이 재배한 채소도 판매했지만, 화농 재배의 채소가 전체의 9할 이상을 차지했다. 1923년 당시 신정 채소시장에 출점한 화농은 성수기에 70호, 비수기에 약 20호에 달했다.

이 채소시장이 판매하는 채소의 종류는 다양했다. 1923년 1년간 판매액이 많은 순서로 채소를 나열해보면 무, 고구마, 배추, 파, 가지, 참외 및 호박, 오이, 미즈나水菜[*], 양배추, 우엉, 토란, 진국眞菊, 시금치의 순이었다. 이러한 화교 채소시장은 이웃한 내리에도 있었다. 신정과 내리의 2개 화교 채소시장은 인천부仁川府 수요 상업채소의 7할을 공급했다.

인천부 당국과 조선인 및 일본인은 외국인인 화교가 상업용 채소재배와 판매에서 독점적인 세력을 형성하고 있는 것을 달갑지 않

---

[*] 겨잣과에 속하는 채소의 한 품종.

게 여겼다. 그래서 인천부청은 1924년 12월 채소시장을 공설시장으로 만들기 위해 진덕흥 소유 채소시장의 건물을 구매하는 교섭에 들어가 이 건물은 1925년 인천부청의 소유로 귀속되었다. 인천부청은 1927년 3월 이 채소시장을 채소와 생선의 공설일용품시장公設日用品市場으로 만들었다.

그동안 이 시장을 독점해온 화농 및 인천농업공의회는 인천부청의 공설시장 설치를 그대로 수용할 수는 없었다. 인천영사관과 공의회는 인천부청의 조치에 맹렬히 반발해 인천부청은 결국 시장 내 20구획 판매자판 전부를 화교에게 부여했다. 조선인과 일본인 농민 및 상인은 당국의 조치에 반발하여 1932년 3월 부인소채조합富仁蔬菜組合을 설립, "자국민에게 판매권을 인정하지 않고 외국인에게 독점권을 부여하는 것은 우리나라의 치욕"이라며 판매자판을 빼앗아야 한다고 주장했다.

인천부청은 이러한 요구를 수용하여 채소시장을 기존의 72평에서 183평으로 확장하는 대신, 기존의 20구획에서 30구획으로 판매자판을 증가시켰다. 그리고 화교에게 판매자판을 15구획, 일본인과 조선인을 합해 16구획을 부여했다. 공설 채소시장 내에 판매인조합販賣人組合을 조직하여 시장을 운영하게 하였는데 5명의 임원 가운데 화교는 2명으로 제한했다.

이러한 경위로 화교 독점의 채소시장은 공설 채소시장으로 바뀌었고, 화교의 독점 운영권도 사라졌다. 그럼에도 불구하고 공설 채소시장에서 판매되는 채소의 7할은 여전히 화농 및 화교 채소상에 의해 점유되었다. 그 원인은 화교 채소상의 상품이 풍부하다는 점, 소비자 가운데 화농 생산의 채소가 값이 싸다는 선입관이 있다는 점, 화교 채소상의 상술이 뛰어나고 자금이 풍부하다는 점에 있었다.

화교가 상업용 채소재배 및 판매에서 상당한 비중을 차지한 것은 인천에만 국한된 것은 아니었다. 조선총독부와 당시 발행되던 신문에 의하면, 경성부는 "시내의 채소는 3할 이내", 평양부는 "부내의 채소 수요의 대부분", 진남포부는 "채소의 재배도 거의 독점", 원산부는 "수요 채소의 약 8할", 청진부는 "부 주민 채소 수요의 약 8할"이 화농에 의한 공급이었다. 1925년에 발표된 김동인의 소설 『감자』에 나오는 남자 주인공이 바로 평양 칠성문 밖에서 채소재배를 하던 화농 '왕서방'인데 부자로 묘사된 것은 이러한 사정 때문이었다.

사정이 이러하자, 조선농회朝鮮農會 기관지인 《조선농회보》의 1930년 8월호 머리말에 조선인 농가가 불경기로 궁핍한 것을 뒤로하고 화농이 급속한 인구증가와 막대한 이익을 얻고 있는 것을 지적하면서, "지나인 채소업자를 구축해야 한다"라고 과격한 표현을 사용하며 조선인 농민의 분투를 촉구하기에 이르렀다.

채소재배의 경쟁력은?

화농이 이처럼 대도시 상업용 채소공급에서 높은 비중을 차지하고 있었던 이유는 무엇일까? 화농의 호수 및 인구는 1908년에 146호·524명이던 것이 1910년에 374호·1,427명, 1930년에 3,331호·1

만 3,489명, 1943년에 4,438호·2만 3,119명에 달했다. 특히, 1943년의 화농 호수 및 인구는 일제강점기 최다이며, 같은 해 일본인 농민의 호수 및 인구 5,977호·2만 8,933명에 육박했다. 화농의 호수가 조선화교 전체 호수에서 차지하는 비중은 1910년 12.1퍼센트, 1930년 19.9퍼센트, 1935년 20.3퍼센트, 1943년 30.5퍼센트를 차지할 정도로 채소재배는 조선화교의 주요한 경제 활동의 하나였다. 그런데 화농은 대부분 채소재배에 종사하고 쌀농사를 짓는 경우는 거의 없었다. 그 이유는 그들의 출신지와 관계가 있었다.

1930년 인천중화농회의 회원 228명의 출신지는 전원 산동성이었다. 출신 현은 산동성 가운데서도 인천에 가까운 동해안 연안지구인 영성榮成(룽청), 모평牟平(무핑), 문등文登(원덩), 내양萊陽(라이양)이 다수를 차지하고 청도靑島(칭다오)와 이웃한 제성諸成(주청), 일조日照(르자오), 비성肥城(페이청)이 그다음으로 많았고, 산동반도의 중앙 및 북부 지역은 거의 없었다.

산동성의 주요한 농업은 밀, 수수와 같은 곡식재배와 채소재배였다. 쌀농사는 안휘성安徽省(안후이성)의 회하淮河(회허) 이남에서 지었기 때문에 산동성은 기후적으로나 지질상 미작에 적합하지 않은 지역이었다. 일본인 채소전문가인 온다 데쓰미恩田鐵彌는 화농이 "고국에 있을 때 채소재배의 경험이 있었기 때문에 재배의 기술이 매우 숙련되어 있다"라는 지적은 정확하다. 산동성은 채소재배의 오랜 역사를 가지고 있는 지역으로 근대 파, 부추, 시금치, 마늘, 고추, 연근, 미나리, 토란 등의 생산액이 중국의 전체 성 가운데 1위를 차지했다. 또한 산동성은 풍부한 채소품종 및 종자를 보유하고 있는 지역으로 지금도 1만의 채소품종 자원을 보유한 세계 3대 채소생산 기지의 하나이다. 이러한 산동성의 우량 채소 품종이 화농의 채소재배에 도움을 준 것이다.

화농 채소재배가 조선인 및 일본인과 비교하여 어떤 특징이 있는지는 1930년대 중반 부천군의 화농 채소재배를 주도면밀하게 관찰한 일본인 학자 스가이 시로酉水孜郎의 분석이 날카롭다. 제1의 특징은 매우 부지런하다는 점이다. 스가이 이외에 조선총독부 촉탁으로 근무하고 있던 오다우치 미치토시小田內通敏는 "경지에 대한 그들의 노동의 끈기는 도저히 일본인과 조선인이 상상조차 할 수 없을 정도이며 가족 전원은 일출과 함께 기상하여 일몰 때까지 야외작업에 종사한다"라고 칭찬을 아끼지 않았다.

제2의 특징은 퇴비 등의 유기비료를 풍부히 사용한다는 점이다. 채소재배는 노동력과 비료의 결합으로 이뤄져 양질의 잎을 대량으로 얻는 것이 양질의 채소 생산의 관건이다. 채소 생산비 가운데 비용의 7할은 비료 대금이기 때문에 비싼 화학비료 대신에 유기비료를 많이 사용하던 화농에게 유리했다. 화농은 채소 농사를 짓지 않는 때는 행정관청이나 조선인 가옥에서 나오는 인분과 재를 모으기 위해 각 마을을 돌아다녔다.

제3의 특징은 집약적으로 다양한 채소를 재배한다는 점이다. 스가이 시로는 "지나인의 밭에는 오이, 가지, 파, 양배추, 토마토, 호박, 동과冬瓜, 수박 등의 채소류가 매우 많다. 간작과 혼작은 내지(일본)의

밭보다도 극단적"으로 심하다고 했다.

《동아일보》는 "일본인은 비교적 광대한 면적에 고구마를 재배하고 조선인은 종래대로 무, 배추 이외 몇 가지의 채소를 재배할 뿐이다. 중국인은 집약적으로 좁은 면적을 이용하여 다양한 채소를 재배한다"라고 극찬했다.

스가이 시로는 이러한 세 가지 특징을 이야기했지만, 화농의 채소재배 기술도 빼놓을 수 없다. 화농은 채소밭 일각에 작은 수원水源을 만들어 언제든지 관개를 할 수 있도록 설비를 갖추었고, 비닐이 없던 때에 종이로 하우스를 만들어 겨울인데도 채소를 재배할 수 있었다.

화농의 뛰어난 채소재배 방법은 가격이 저렴하고 품질이 우수한 채소를 대량 생산했기에, 조선인 농가 및 일본인 농민의 채소재배보다 비교우위에 설 수 있었던 것이다.

화농의 쇠퇴, 사라진 '왕서방'들

화농은 1931년 화교배척사건 때 상당한 피해를 입었다. 경기도에서만 화농 1명이 살해당했고, 습격을 받아 중경상을 입은 화농 및 채소상은 20명, 화농 농가 방화 피해가 5건 발생했다. 이 사건 이전인 1930년 12월 말 경기도의 화농 호수 및 인구는 472호·2,248명이던 것이 1931년 12월에는 206호·694명으로, 각각 56.4퍼센트와 69.1퍼센트로 대폭 감소했다. 그러나 1932년 이후 시간이 지나면서 조선 북부 지역을 중심으로 화농의 인구가 회복되었다.

하지만 1937년 7월 7일 노구교사건盧溝橋事件[*] 이후 화농의 호수는 1936년 12월 2,858호에서 1937년 12월에는 2,098호로 27퍼센트 감소했다. 경기도가 315호에서 75호로 75퍼센트 감소하여 가장 많이 감소했으며, 조선 북부 지역은 상대적으로 감소율이 낮았다. 하지만 1938년 이후 화농의 인구가 북부 지역을 중심으로 증가, 조선의 화농 호수 및 인구는 1943년에 1930년 수준을 훨씬 뛰어넘는 4,438호·2만 3,119명으로 사상 최다를 기록했다.

중일전쟁 시기 화농 인구가 이렇게 증가한 원인은 조선총독부의 정책과 관련이 있다. 조선총독부는 "조선은 병참기지兵站基地로서 대량의 채소를 군軍에 공급할 수 있는 적합한 땅"으로, 조선을 일본군의 전쟁 수행을 위한 채소공급기지로서 자리매김했다. 그러나 조선은 1930년대에도 수요 채소의 상당한 금액을 일본에서 수입했다. 수입액은 1930년 181만 원, 1936년 527만 원, 1937년에는 708만 원으로 급증했다. 채소의 자급자족을 실현하지 못했던 것이다.

특히, 노구교사건 직후 화농이 본국으로 대량 귀국하자 대도시를 중심으로 채소가격의 급등을 초래해 주민의 생활을 곤란하게 했다. 조선총독부는 화농에게 채소공급을 의지하는 것을 '국욕國辱의 중대 문제'로 인식하고, "우리들의 채소는 우리들의 손으로"라는 채소 자급자족의 달성을 긴급 정책과제로 정했다. 조선총독부는 조선인과

---

* 1937년 7월 7일 북경 교외의 노구교 부근에서 중국군과 일본군이 충돌하여 중일전쟁의 발단이 된 사건.

일본인 농민에게 채소조합을 설립하게 하고 보조금을 지급하는 등의 정책을 폈지만 별 효과를 거두지 못했다.

그래서 조선총독부는 채소재배의 기술자인 화농을 활용하는 방향으로 정책을 전환했다. 부산부는 채소 소비의 5할을 일본 및 타 지역으로부터 공급받는 만성적인 채소생산 부족 지역이었고, 화농은 거의 거주하지 않는 지역이었다. 부산부청은 부족한 채소를 자체에서 조달하기 위해 주신의주중국영사관을 통해 화농을 부산에 파견하도록 요청했다. 신의주중화농회는 소속 화농을 부산에 파견하여 채소생산에 협조했다.

해방 후에도 화농의 채소재배는 한국에서 계속 이어졌다. 화농은 주로 인천과 부천지역에서 채소재배를 했다. 1948년 4월 말 인천의 화농 호수는 215호로 22만 2,000평의 채소를 재배했다. 호당 약 1,000평의 채소밭을 재배하고 있었다. 경작총면적 가운데 약 10퍼센트에 해당하는 2만 1,000평의 경작지는 미군정청의 신한공사新韓公司가 관리하는 이전 일본인 소유의 귀속농지였다.

화농은 일제강점기 때 조선인과 일본인 지주로부터 차지료를 지불하고 채소를 재배하는 것이 일반적이었다. 이전 일본인 지주에게 농지를 빌려 채소재배를 하던 화농은 일본인 지주가 본국으로 귀국하자 농지의 소유권을 두고 문제가 발생했다. 미군정청은 이러한 경작지에 대해 1948년 5월 여러 차례 검토한 결과 화농의 경작권만을 인정하고 소유권은 일절 인정하지 않는 것으로 방침을 정했다. 1912년에 조직된 인천중화농회도 여전히 존재했고, 화농이 재배하는 채소는 양배추, 가지, 배추, 호박, 파, 무, 시금치 등으로 일제강점기 때와 비슷했다.

그러나 일제강점기 때 화농은 부동산과 농지의 소유권을 가지고 있었지만 1961년 외국인토지법의 시행을 전후하여 농지 소유를 제한받았다. 화농은 새로운 농지를 취득할 때 한국인의 명의를 빌려 등기한 경우가 많았는데 나중에 한국인에게 사기를 당한 사례도 많았다. 이러한 제도적인 제약이 화농의 채소재배를 위축시킨 것은 분명하지만 한국 농민의 채소재배의 현대화의 영향도 빼놓을 수 없다. 한국정부는 각 면에 농촌지도소를 설립했고, 한국인 농민에게 전문적인 채소재배 기술을 지도해 다양한 품종과 고품질의 채소를 생산할 수 있게 되었다. 이러한 이유 때문에 1970년대 들어 화농 '왕서방'은 거의 사라지고 말았다. 하지만 한중 수교 이후 중국 산동성에서 재배된 채소가 한국에 대량으로 수입되고 있다.

八

경제활동에 적극 참여한 북한화교

일제강점기 조선의 북부 지역에는 채소재배를 하는 농민, 화공, 주단포목상점과 중화요리점을 경영하는 상인이 경제 활동을 펼치고 있었다. 해방 이후 북한은 사회주의 국가체제를 형성하여 화교의 기존 경제 활동에 영향을 주게 된다. 북한화교는 어떤 경제활동과 직업에 종사했을까?

꾸준하게 채소재배를 해온 북한화교

북한화교 A 씨는 청진에서 태어나 그곳에서 화교학교를 다닌 후 중국에서 대학을 나오고, 일본에서 박사학위를 취득한 엘리트로 현재는 중국 광주廣州(광저우)에서 거주하고 있다. 그의 가족사를 인천대 중국학술원 웹진《관행중국》2018년 2월호에 기고한 글로 소개하면 다음과 같다.

그의 조부는 1901년 산동성 일조현日照縣에서 태어나 1930년대 중반 배편으로 진남포로 온 후, 북부 각 지역을 이동하면서 품팔이를 하다 청진부 강덕리에서 해방을 맞았다.

그의 조부는 강덕리에서 휴전 때까지 채소재배를 하면서 생계를 이어갔다. 북한은 1946년 봄 토지개혁법을 공포했다. 지주의 토지와 일본인이 두고 간 토지를 몰수하여 국유화했으며, 몰수한 토지를 농민에게 대여했다. 외국인인 화교에게는 토지 소유권을 부여하지 않고 정부로부터 땅을 빌려 농사를 지을 수 있는 경작권이 부여되었다. 또한 북한정부는 화교에게 농지를 나누어주었기 때문에 그의 조부도 분배받은 농지에서 자유롭게 채소재배를 할 수 있었다.

휴전 후, 북한정부는 전쟁으로 황폐화된 농업과 공업을 재건하는 하나의 수단으로 집단화 정책을 추진했다. 기존의 개인 경작 농지는 협동농장에 편입되어 농민은 농장에서 북한 농민과 함께 농사짓는 형태로 바뀌었다. 이를 추진하기 위해 북한정부는 농촌의 화농 농지를 도시 외곽의 농지로 바꾸어주었다. 이러한 조치로 인해 그의 조부는 강덕리에서 시가지인 포항동으로 이주했으며, 협동농장에 소속되

중국 길림성 도문시와 북한 남양을 잇는 다리. 함경도와 양강도의 북한화교는 이 다리와 철교를 통해 북중을 왕래했다

어 일했다.

북한의 화농 호수는 1958년 2,884호로 화교 총호수의 76퍼센트에 달해 절대적으로 많았다. 화농은 114개의 화교 협동농장에 소속되어 채소재배를 했지만 곧 북한 농민의 협동조합에 편입되었다. 김일성 주석은 1959년 7월 평양의 대성합작사大成合作社의 화교 채소작업반을 시찰해 화농을 크게 독려했다.

A의 부친(이하 B)은 1953년 청진시 강덕리에서 태어나 1960년 4월 청진화교소학에 입학했다. 당시 B 일가의 생활은 넉넉지 않아 모든 수업의 내용을 공책 1권에 기록했으며, 남이 쓰다 남은 몽당연필로 공부를 했다. B는 15세 때 조부가 소속되어 일하던 협동농장에 들어갔다. 농장이 15세 소년을 받아주지 않아 나이를 17세로 속여 들어갔다. B는 나이가 어리고 신체가 약해 처음에는 옥수수밭에서 참새를 몰아내는 일부터 시작했다.

B는 새벽 3시부터 농사일을 시작했다. 먼저 농작물 재배에 필요한 인분을 운반하고, 아침 식사가 끝나면 3마리의 황소를 끌고 산골

로 들어가 풀을 먹였다. 협동농장 농장원의 수입은 노동성과에 따라 계산되었다. 담당 노동성과평가위원은 노동성과를 매일 기록하고 급여는 가을 결산 총회에서 현금으로 지급되었다. B는 노동성과가 일반 노동자에 비해 2배나 높았다. 연간 결산에서 지급되는 수입의 절반 이상은 의무적으로 저축되었다.

B가 소속된 협동농장의 각 조는 17명으로 구성되어 있었으며 화교가 전체의 절반을 차지했다. B는 1974년 화교 여성과 결혼했다. 당시 북한에서는 기혼 여성은 부양가족으로 생활이 보장되기 때문에 A의 모친은 결혼 후 가사 일을 하면서 집에서 돼지 2마리를 길렀다.

B는 문화대혁명으로 악화됐던 북·중관계가 1975년 개선되면서, 협동농장의 추천으로 1975년 말부터 청진농업기능공학교에서 1년간 트랙터 운전기술을 배웠다. 기능공학교 재학 중인 1976년 9월 9일 모택동이 사망했다는 소식을 듣고 청진화교학교에서 진행된 추도식에 참가한 적이 있다. 기능공학교를 졸업한 후 이전의 협동농장으로 돌아가 5년간 트랙터 운전사로 일했다.

중국의 개혁개방 정책 추진 이후 북·중관계가 다시 악화되면서 중국으로 돌아가는 화교가 증가했다. B는 가족을 데리고 중국으로 귀국하려는 계획을 세웠다. 중국정부는 귀국한 북한화교에게 농업에 종사한 자는 농촌, 공업에 종사한 자는 공장에 배치했다. B는 중국의 도시에 거주하기를 원했지만, 이전의 직업이 농업이었기 때문에 농촌에 거주할 수밖에 없었다. 게다가 1980년 둘째 아들이 태어나자 귀국을 단념했다. 그가 바로 나의 지인이다. 북한정부의 집단화 정책으로 개인의 채소재배는 금지되었지만, 화교에게 채소재배 증산을 위한 방편으로 60평의 농지를 소유하는 것을 허가했다. 화농은 재배한 채소를 장마당(시장)에 내다 팔았다.

B는 장래 중국에 귀국할 때 자식들이 도시에 취업할 수 있도록 자동차 면허증까지 취득했다. 그리고 1984년 청진원림사업소로 직장을 옮겼다. 1980년대 중반부터 북한화교의 모국 방문이 추진되었다. B는 1991년 봄 모국 관광단의 일원으로 중국에 처음으로 갔다. 그때 B는 상품구매자금으로 현금 300달러와 해산물을 휴대하고 가서 중국에서 의복 등을 구입하여 가지고 돌아왔다. 이때쯤부터 일가는 북·중 민간무역에 본격적으로 참여했다. 1994년 김일성 사망 이후 북한의 배급제도가 완전히 마비 상태에 빠진 이후, B는 회사를 그만두었다. 그의 부친과 모친은 몇 년 전 중국 길림성 용정으로 귀국하여 생활하고 있다.

북한화교 A 씨의 조부와 부친은 화농의 삶을 살았다. 부친은 농민에서 노동자로 직업을 바꾸었고, 그의 자식 가운데는 농민이 없다. A 씨의 조부와 부친은 북한화교 농민의 전형이라 할 수 있다. 현재 북한에서 채소재배를 하거나 농민으로 직업을 가진 화교는 없다고 한다.

북한에도 짜장면이 있다!

북한에 중화요리점이 있을까? 아니 중화요리가 존재할까? 평양 시내에 중화요리 전문점인 '무지개식당'이 있다. 이 식당의 인기 메뉴는 짜장면이다. 북한 짜장면의 맛은 한국의 짜장면과 맛이 비슷하다고 한다.

김일성과 김정일도 짜장면을 좋아했는지 1985년 이 식당을 방문해, "인민들이 중국에서 식사하는 것과 똑같은 분위기가 되도록 궁리하라"라며 지시했다고 한다. 이 지시에 따라 식당은 식기와 젓가락, 점원의 헤어스타일까지 중국식으로 바꾸었다. 이 식당은 화교가 경영하는 중화요리점은 아니다. 북한화교 가운데 북한에서 짜장면을 먹어본 화교는 많지 않다. 화교 가정은 집에서 만두餃子를 요리해 먹는 것이 고작이라고 한다.

평양에 중화요리점이 다시 등장한 것은 1980년대부터이다. 평양의 창광거리에 화교 경영의 중화요리점과 만두집이 출현했다. 대동

평양의 려명거리의 빌딩 ⓒ 김석주

강 호반의 옥류교玉柳橋 미식거리에는 짜장면과 면류를 판매하는 중화요리점이 큰 인기를 끌고 있다. 평양의 화교는 1,000~2,000명으로 추정되며, 평양 시내 문수거리에 집중하여 거주하고 이곳을 '화교가'로 부른다. 평양차이나타운인 셈이다. 평양화교는 중화요리점과 잡화점을 경영하면서 생계를 유지하고 있다.

평양의 중화요리점은 일제강점기 때 상당한 세력을 형성하고 있었다. 1943년 평양의 고급 중화요리점 7개는 큰 인기를 끌고 있었다. 해방 직후에도 이러한 중화요리점은 일부 존속했지만, 문을 닫는 곳이 많았다. 1955년 북한화교 가운데 중화요리점은 309호에 달했다. 그러나 북한정부가 1955년부터 중화요리점을 비롯한 상업 부문에서 개인영업을 금지하면서 화교 경영의 중화요리점은 1958년에 완전히 자취를 감추었다.

화교 경영의 중화요리점은 모두 화교음식업생산판매조합에 통폐합되었다. 이 조합은 국영기업이 아니라 동업조합과 같은 것으로 어느 정도 자립경영이 보장되었다. 하지만 1957년 북한정부가 식료 판매를 국유화하는 조치를 취하자, 완전히 국영기업화되어 자립성을 상실했다. 평양화교 음식업자는 각 구별로 설치된 국영 중화요리점에 소속되었다. 중구는 대동강반점, 외성구外城區는 교구반점僑口飯店, 서성구는 장산반점長山飯店, 목단봉구는 서성반점西城飯店에 각각 소속되었다.

이들 반점의 영업 규모는 20여 명의 직원을 두고 원탁 30개를 갖춘 대형 중화요리점이었다. 직원 가운데는 북한사람도 배치되었지만 관리책임자와 요리사를 비롯한 중요한 직책은 화교가 담당했다. 청진의 경우는 음식업 조합의 조합원과 개인경영자의 일부는 국영음식점인 '중국인고급요리반점'의 직원으로 채용되었다. 지배인과 요리사는 모두 화교였고 북한 여성 10여 명이 종업원으로 일했다. 북한정부는 화교 경영 중화요리점이 국유화된 이후에도 경영 관리의 권한을 화교에게 맡겼다.

북한화교는 1970년대까지만 해도 북한의 중화요리 기술을 독점했다. 그러나 북한 사람이 음식업 합작사의 종업원으로서 화교 요리사로부터 기술을 배우거나 중국에 가서 중화요리 기술을 습득함으로써, 1980년대 무지개식당처럼 평양에 중화요리점의 경영자나 요리사로 일하는 사례가 늘어났다. 남북한 모두 화교가 중화요리 기술의 원조였던 것이다.

북·중 무역을 주무르는 화교 무역상

앞에서 북한화교 A 씨 일가의 삶을 소개하면서 A 씨의 부친이 1990년대 초반부터 북·중 무역에 종사한 것을 소개했다. 북한화교 가운데 북·중 무역에 제일 먼저 참여한 것은 단동의 대안인 신의주였다. 신의주와 단동은 1911년 철교로 이어져 조선과 중국 간 물자와 사람의 이동 플랫폼 역할을 하던 곳이었다.

중국이 개혁개방을 단행하기 전 양국의 경제 상황은 모두 후진적인 상태에 머물러 있었기 때문에 양국 간 교역의 기회는 별로 없었다. 그러나 개혁개방 이후 외국인의 투자와 대외 무역이 자유화되면서 중국은 공업을 중심으로 고도경제성장의 단계에 돌입했다. 반면에, 북한은 사회주의경제의 고수와 핵 개발을 추진하면서 경제는 오히려 후퇴했다. 북한은 부족한 물자를 중국에서 조달하게 되는데 그 중계역을 담당한 것이 조선족과 화교였다. 조선족은 북한 사람과 언어 소통이 가능하여 양자를 이어주기에 적합했다. 하지만 북한 사람의 입장에서 북한에 거주하는 가족이 없는 조선족보다 북한화교가 보다 신뢰할 수 있는 상대였다. 게다가 북한화교는 북한에서 필요로 하는 물자가 무엇인지 정확히 간파하고 있었다.

북한정부는 화교에게 연간 한 번 중국에 있는 친척을 방문하는 것을 허가했다. 화교는 이 기회를 이용하여 중국에서 노동하여 번 돈으로 중국 상품을 대량으로 구입하여 북한으로 돌아와 장마당을 통해 물건을 판매했다. 북한은 늘 물자가 부족한 공급자 중심의 시장이기 때문에 화교는 큰 수입을 올릴 수 있었다.

단동에는 코리아타운이라 할 수 있는 고려가高麗街라는 곳이 있다. 고려가의 상권을 북한화교가 장악하고 있다는 것은 공공연한 사실이다. 정확히 말하면 북한에서 귀국한 화교이다. 현재 북한 거주 화교의 인구가 약 3,000명에 불과하지만, 단동의 귀국 북한화교는 8,000명~1만 명에 달한다. 큰 커뮤니티를 형성하고 있는 귀국 북한화교는 그들만의 친목과 정보공유를 위한 사회단체도 조직하고 있다.

고려가에 둥지를 튼 귀국 북한화교 무역상인의 북·중 무역 방법은 북한 거주 화교에 의지한다. 북한 거주 화교가 휴대폰으로 필요한

중국 요령성 단동시의 고려가
© 홍창진

물자를 주문하면 단동의 무역상은 이 물자를 조달하기 위해 심양, 광주, 북경 등지로 직접 출장 가거나 택배로 주문을 하고 중개인을 통해 북한으로 물자를 운송한다. 단동과 신의주는 가까운 거리에 있기 때문에 휴대폰 통화가 가능하지만, 북한정부가 금지하기 때문에 매우 조심한다고 한다. 귀국 북한화교 무역상인 가운데 한국과 거래하는 사람도 있다. 최근에는 북한의 대형 무역회사가 북·중 무역에 두각을 나타내고 있지만, 양쪽 사정에 모두 밝고 상업망을 구축하고 있는 북한화교에 아직도 많이 의지하고 있는 실정이다.

북한의 핵 개발과 장거리 미사일 발사로 북·중 관계가 최근 몇 년간 악화되었고, 유엔의 대북제제로 단동의 귀국 북한화교의 북·중 무역도 상당한 타격을 입었다. 그러나 남북정상회담, 북미정상회담, 북중정상회담이 잇따라 개최되어 북한 핵문제 해결의 전망이 보이면서 단동의 귀국 북한화교 무역상의 움직임이 빨라졌다.

2018년 6월 인천을 방문한 중국사회과학원의 한 교수는 단동시

관계자로부터 몇 차례나 전화로 북·중 관계 개선에 따른 단동의 발전 방향에 대해 질문을 받았다고 한다. 새로운 시대에 접어든 동북아시아에서 북한, 중국, 한국에 걸친 상업망을 가진 북한화교의 경제활동이 큰 기대를 모으고 있다.

九

한국의 대표 차이나타운

인천 vs 대림

중국인이 해외여행을 할 때 방문국 화교의 경제력을 측정하는 중요한 잣대의 하나가 차이나타운의 규모와 활성화 정도라고 한다. 차이나타운은 화교의 집단거주지이자 상업을 중심으로 활발한 경제 활동을 영위하는 곳이며, 각종 사회단체가 조직되어 활동하는 곳이다. 1880년대 인천, 부산, 원산에 조계가 설정되어 차이나타운이 형성된 후 130년간 영고성쇠의 과정을 거쳐 현재에 이르고 있다. 1992년 한중 수교 수립 이후 기존의 차이나타운은 변화하고 새로운 차이나타운이 생겨났다.

노老화교 차이나타운의 새로운 도약

나는 1999년 10월 인천차이나타운을 처음 방문했을 때 본 황량한 풍경을 지금도 잊을 수 없다. 중화요리점 몇 집 외에 영업을 하는 점포는 거의 찾아볼 수 없었다. 관광객은 한 명도 없었고 화교 노인 한 명이 거리를 외롭게 걸어가고 있을 뿐이었다.

그로부터 20여 년이 지난 지금의 인천차이나타운은 당시와 비교할 때 상전벽해의 변화를 느끼게 한다. 먼저 인천차이나타운 지역이 기존의 선린동 일원에서 벗어나 북성동, 송월동 일대로 확대되었다. 청국조계인 기존의 인천차이나타운 영역은 삼국지 벽화거리에서 세계소방미니어처박물관, 그리고 조계계단에서 태림봉 중화요리점 맞은편 화장품 상점까지, 화장품 상점에서 파라다이스호텔(현재의 올림포스호텔)까지의 직사각형 형태였다.

그런데 2000년대 들어 인천차이나타운은 인천역 앞에 패루牌樓[*]

인천차이나타운의 패루

를 설치하면서 차이나타운의 중심 거리가 북성동 일대로 이동했다. 중화요리점 풍미와 중화요리점 연경을 이어주는 도로가 중심가로 변신했다. 2015년경 상가가 전혀 없던 의선당 일대에 중화요리점, 식료품점, 잡화점이 생기기 시작해 지금은 송월동의 거리까지 상가로 가득 차 있다.

서울대 문화인류학과 학생들이 2000년 인천차이나타운을 조사했을 때 차이나타운 소재의 상점은 26개였다. 이 가운데 중화요리점은 5개에 불과했다. 내가 2014년 11월 인천대 학생과 함께 인천차이나타운을 조사했을 때는 상점이 57개로 증가하고 이 가운데 중화요리점은 28로 전체의 5할에 달했다. 그때부터 약 4년이 지난 지금은 상점이 약 150개로 증가하고 전체의 절반을 중화요리점과 음식점이 차지하고 있다.

인천차이나타운은 2004년 조직된 인천차이나타운번영회가 활동하고 있다. 차이나타운의 상점주는 한국인과 화교가 각각 절반을 차지하고 있기 때문에 번영회 회장은 화교와 한국인 각각 1명이 공동 회장을 맡고 있다. 번영회에 가입된 상점은 약 100여 개이며 각 회원으로부터 회비를 걷어 운영되고 있다. 인천차이나타운의 발전을 위해 행정 당국에 각종 요청을 하거나 불우이웃을 위한 각종 행사 등을 개최하고 있다. 하지만 일본 차이나타운의 상점가협동조합과 같이 자치적으로 차이나타운을 관리하거나 정기적인 축제를 개최하는 등

* 중국의 전통적 건축양식의 하나로, 도시의 아름다운 풍경과 경축의 뜻을 나타내기 위하여 세웠다.

의 활동은 아직 하지 못하고 있다.

인천차이나타운은 한국에서 가장 오래된 차이나타운이다. 노老화교 사회단체의 핵심인 인천화교협회가 아직도 활발히 활동하고 있고, 화교 자녀를 위한 인천화교학교에는 유치원, 초등, 중등, 고등부가 개설되어 있다. 화교의 민간신앙과 문화생활의 중심인 의선당이 있고, 마음의 안식처 역할을 하는 인천중화기독교회도 차이나타운 안에 위치하고 있다. 차이나타운의 조건을 골고루 갖추고 있는 것이다.

그러나 인천 노화교의 인구가 지속해서 감소하고 업주가 고령화되면서 새로운 변화가 감지된다. 노화교 경영 중화요리점은 인력난으로 어려움을 겪으면서 요리사와 종업원을 신新화교로 채용하는 경우가 많다. 신화교가 노화교의 협조로 새로운 상점을 개업하는 경우도 있다. 일본의 요코하마, 고베, 나가사키 차이나타운은 이미 신화교 경영의 상점이 많은 것으로 볼 때 인천차이나타운도 그러한 경향이 더욱 강해질 것이다.

인천차이나타운 이외에 부산차이나타운인 초량동의 상해 거리가 있지만, 규모나 상점 수에서 인천차이나타운과 비교할 수 없을 정도로 작다. 2000년대 들어 전국 각지에서 차이나타운을 조성하려는 계획이 난무했다. 인천 송도 신도시, 일산 신도시에 현대식 차이나타운을 조성하려 했지만 모두 실패했다. 예전에 화교가 많이 거주하고 화교 상점이 많았던 지역을 차이나타운으로 새롭게 조성하려는 계획이 전주와 대구에서 있었지만 역시 성공을 거두지 못했다. 실패의 원인은, 차이나타운은 화교에 의해 자연스럽게 형성되는 것이지 인위적으로 만들어지는 것이 아니기 때문이다. 서울 한성화교중학 근처의 연남동은 2000년대 들어 노화교의 이주가 증가했고, 중화요리점, 게스트하우스, 식료품점이 많이 생겨 새로운 노화교 차이나타운이 형성되고 있다.

신新화교 차이나타운의 탄생과 급속한 발전

2018년 6월 16일 토요일 대림차이나타운을 찾았다. 중국 간체자 간판이 즐비하다. 음식점, 노래방, 식료품점, 환전소, 여행사, 한의원, 주점, 중국 은행지점, 여행사 등. 거리에서 들리는 말은 중국어가 대부분이고 한국말은 거의 들리지 않는다. 이곳이 서울이 아닌가 착각할 정도이다. 중국 도시의 거리 하나를 그대로 이곳에 옮겨놓은 것 같다. 인천차이나타운이 '한국화' 되었다는 것을 대림에 오면 금방

한국 최대의 중화가가
된 대림차이나타운

알 수 있다.

대림차이나타운은 거대한 상권을 형성하고 있다. 조사에 따르면, 대림1·2·3동의 상점 및 회사는 688개에 달한다. 인천차이나타운의 약 4배에 달하는 규모이다. 중화요리점이 전체의 52퍼센트로 가장 많다. 여행사가 8.9퍼센트, 노래방 8.9퍼센트, 환전소 7.6퍼센트, 물류회사 6.0퍼센트, 휴대폰가게 5.5퍼센트, 식료품점 4.4퍼센트이다. 인천차이나타운과 마찬가지로 중화요리점이 가장 많은 것은 똑같다.

그러나 인천차이나타운과 대림차이나타운 중화요리점에는 메뉴에 차이가 있다. 인천차이나타운의 중화요리점이 한국식 중화요리가 중심이라고 한다면 대림차이나타운은 중국 각 지역의 요리인 사천요리, 동북요리, 상해요리 등으로 다양한 것이 특징이다. 대림차이나타운의 중화요리는 중국 본토에 가깝기 때문에 중국 유학 경험이 있는 한국인도 많이 찾는다. 중국 대륙에서 서울에 여행 오는 중국인은 대림차이나타운을 많이 찾는데 그 이유는 중국 본토의 음식을 먹을 수 있기 때문이다. 주말 대림차이나타운을 찾는 관광객은 5만 명에 달할 정도로 서울의 유명 관광지가 되었다.

그런데 대림차이나타운은 한족 신화교가 중심이 아니라 재한조선족 중심의 차이나타운이다. 대림차이나타운과 그 주변에 거주하는 재한조선족은 2015년 2만 6,652명에 달한다. 대림2동의 경우 재한조선족 인구는 주민등록 인구의 90.6퍼센트를 차지한다. 대림2동에는 미치지 못하지만 대림1동은 34.2퍼센트, 대림3동은 26.1퍼센트로 상당히 높은 편이다. 대림동에 위치하는 대동초등학교와 영림초

등학교는 전체 학생 가운데 재한조선족 학생의 비율은 전체의 4할과 3할을 각각 차지한다. 한편, 대림차이나타운에서 한족 신화교가 경영하는 상점은 소수에 불과하고 대부분 재한조선족이 경영하고 있다. 또한 대림차이나타운의 건물과 토지에 투자하는 한족 신화교도 있지만 소수이고 대부분 재한조선족이다.

대림차이나타운이 형성되기 시작한 것은 2000년대 초반이었다. 구로구 가리봉동에서 체류하던 재한중국인이 가리봉동이 재개발되어 지역 산업쇠퇴와 인구감소로 빈 곳이 생기자 상대적으로 거주비가 저렴한 대림동으로 대거 이동했다. 그리고 2004년 재외동포법 개정 이후 재한조선족의 법적 지위가 개선됨에 따라 중국 대륙에서 가족 단위 이주자가 늘어났다. 대림동은 아파트보다 단독주택 중심이고 주거비가 저렴하여 이러한 이주 재한조선족에게 안성맞춤의 거주지였다.

대림차이나타운은 이처럼 자연발생적으로 생성된 차이나타운이다. 세계에서 한족이 아닌 중국의 소수민족이 중심이 된 유일한 차이나타운이자 최대 규모의 차이나타운이다. 차이나타운의 규모만 놓고 보면 일본 최대의 차이나타운인 요코하마 중화가에 뒤지지 않을 정도이다. 그러나 세계의 차이나타운에 공통적으로 존재하는 관제묘關帝廟, 마조묘媽祖廟와 같은 사원이 없다. 이것은 대림차이나타운이 재한조선족 중심의 차이나타운이라는 특징을 보여주는 것이다.

한족 신화교는 왜 대림차이나타운과 같은 차이나타운을 형성하지 못한 것일까? 한족 신화교의 인구 구성을 보면 그 원인을 알 수 있다. 재한조선족과 같이 안정적인 체류 자격을 가지고 있지 못하기 때문에 한국에서 장기 체류를 할 수 없는 한계가 있다. 가족 단위의 장기 체류자도 적다. 노동자와 결혼이민자의 거주지는 전국에 분산되어 있어 집중 거주지를 가질 수 없는 한계가 있다.

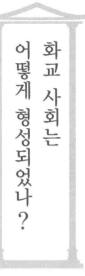

화교 사회는
어떻게 형성되었나?

화교 개인이 모래알처럼 따로 존재한다면 화교 사회는 성립하지 않았을 것이다. 이국에
이주한 화교는 자신들의 생명과 재산의 보호, 그리고 화교 상호 간 친목 도모를 위해 사
회단체를 조직했다. 화교 사회단체는 자치적으로 조직되고 운영되었으며, 화교 사회 내
부의 각종 문제를 해결하고, 유대를 강화하는 역할을 했다. 사회단체는 화교뿐 아니라 세
계의 다른 디아스포라사회에서도 나타나는 현상이다. 하지만 화교의 사회단체는 혈연,
지연, 업연業緣을 매개로 한 조직이 많고 상대적으로 유대가 강하다는 특성이 있다.

'동향회관'의 탄탄한 조직력

인천에는 1930년부터 1937년까지 화교소학이 두 곳 존재했다. 하나는 기존의 인천화교소학이며, 또 다른 곳은 노교소학魯僑小學이었다. 노교소학이 설립된 것은 1930년이었다. 기존의 인천화교소학이 있는데도 불구하고 노교소학이 새로 설립된 데는 사연이 있었다. 안휘성安徽省 출신으로 인천화교의 '부동산 왕'인 왕성홍王成鴻이 1930년 인천화교소학의 교장이 되면서 산동성 출신의 학교 이사들이 반발하고 나섰다. 당시 인천화교의 8~9할을 산동성 출신 화교가 차지했는데 왜 소수에 불과한 안휘성 출신이 교장을 맡는가라는 불만이 산동성 출신 화상들에게 있었던 것이다. 산동성 화상들은 산동 동향회관을 3층으로 증축하고 회관 내에 노교소학을 새로 설립했다. 인천화교소학의 학생 가운데 산동성 출신 화교 학생이 노교소학으로 전학했다. 두 개의 화교소학은 1938년이 되어서야 통합되었는데, 학교 운영비 부족이 그 배경에 있었다.

산동성 연고의 신을 많이 모시고 있는 인천 의선당

여기서 우리가 주목해야 하는 것은 산동동향회관의 존재이다. 이 회관은 당시에는 보기 드문 3층의 벽돌건축물로 인천에서는 최고층에 속했다. 이 건축물은 현재의 인천시 중구 세계미니어처소방차박물관의 자리에 있었지만, 안타깝게도 1950년 9월 인천상륙작전 때 포격을 맞아 파괴되었다.

인천 산동동향회관은 1891년 인천의 산동성 출신 화상에 의해 조직되었다. 모임을 가리킬 때는 동향회 혹은 회관, 동향회가 활동하는 건물은 회관이라 불렀다. 인천에 산동동향회관이 언제 세워졌는지는 분명하지 않지만 1930년에 대대적인 개축 공사를 한 것은 분명하다. 인천 산동동향회관은 1930년 회관 내에 산동성 출신의 자제 교육을 위해 노교소학을 세워 교육활동을 진행했으며, 무연고 사망 화교에게 관을 희사喜捨하거나 불우한 화교를 구제하는 활동을 폈다. 산동동향회관 내에는 환자를 위한 한약실을 갖추고 있었다.

산동동향회관의 조직은 이사제를 채택하고 있었으며 이사장 1명, 이사 7명, 간사 5명을 두었다. 이사장은 산동성 출신 화상 가운데 규모가 큰 상점을 경영하는 지배인이 맡는 것이 일반적이었다. 산동동향회관의 운영은 동향회 소유의 부동산 임대 수입과 각 회원의 기부금 수입으로 충당되었다.

서울에도 산동동향회관이 있었지만, 명칭은 북방회관北幇會館이라 했다. '방幇'은 동향, 동업, 결사의 단체를 뜻한다. 북방회관은 산동성을 비롯하여 하북성, 북경, 천진, 동북 3성 출신자를 모두 포괄했다. 서울의 북방회관은 1880년대 중반 조직되어 경성부 수표정 49

번지에 자리했다. 수표교에서 가까운 거리에 있었다.

1937년 3월 개정된 북방회관의 규칙에 따르면, 회원 자격은 만 20세 이상의 동향인으로 한정하고 회원 2명의 소개와 이사회를 통과해야 정식 회원이 될 수 있었다. 임원의 임기는 2년이었고 매년 한 차례의 정기 회원대회를 개최했다. 동향인의 병자와 망자를 위한 시설과 간병인을 두게 되어 있고 회관의 경비는 북방 소속 화상의 기부금으로 충당하게 되어 있었다.

인천의 산동동향회관, 서울의 북방회관이 동향회관으로서는 가장 규모가 컸다. 그 이유는 조선화교의 출신 성별 인구 분포를 보면 금방 알 수 있다. 1931년 10월 현재 산동성 출신은 전체의 81.8퍼센트를 차지했다. 그다음으로 요령성遼寧省(랴오닝성) 8.7퍼센트, 하북성 7.2퍼센트, 길림성吉林省(지린성) 0.7퍼센트로 많았다. 산동성을 포함한 북방 출신자가 전체의 98.4퍼센트를 차지했다. 절강성, 호북성, 강소성, 하남성, 호남성, 안휘성, 복건성을 포괄한 남방회관南帮會館은 전체의 1.2퍼센트, 광동성 출신은 전체의 0.3퍼센트에 불과했다. 이러한 동향 비중은 복건성과 광동성 화교가 중심인 동남아화교 및 일본화교와 비교된다.

광동성 출신은 인구는 적었지만 동순태와 같은 대형 상호가 많았기 때문에 서울과 인천에는 광방회관廣帮會館이 조직되어 있었다. 인천 광방회관은 1900년에 조직되었고 1935년 당시 회관의 이사장은 동순태 경영주인 담걸생譚桀生의 9남인 담정택譚廷澤이 맡고 있었다. 인천 광방회관은 별도의 회관을 가지고 있지 않았다. 서울에도 광방회관이 1880년대 중반에 조직되어 활동했다.

인천의 남방회관은 1899년 안휘성, 절강성, 강소성 출신 화상에 의해 조직되었다. 1935년 당시 이사장은 인천화교 '부동산 왕'이자 인천화교소학의 교장인 왕성홍王成鴻이었다. 남방도 동향 출신 화교 인구가 소수였기 때문에 별도의 회관을 가지고 있지 않았다. 서울에도 1880년대 중반 남방회관이 조직되어 활동하고 있었는데 절강성 출신의 양복점 업자가 회관을 주도했다. 한편, 1930년대 들어 호북성 출신 이발업자를 중심으로 새롭게 호북동향회湖北同鄉會를 조직했다. 중일전쟁 시기 광방회관과 남방회관 소속 회원이 본국으로 귀국하면서 인천과 서울의 두 회관은 유명무실한 존재나 다름없었다.

해방 후 한국화교의 동향회관에는 약간의 변화가 일어났다. 인천의 산동동향회관은 인천상륙작전 때 폭격을 당해 그곳에 보관되어 있던 각종 서류가 불타버렸다. 휴전 후 이 회관은 일시적으로 인천화교학교의 기숙사로 사용되었으며, 산동동향회관으로서의 활동은 거의 이뤄지지 않았다. 서울의 북방회관은 200~300평의 부지에 건축된 벽돌건물이었으며 전쟁 때 폭격을 맞았다. 휴전 후 한성화교학교의 기숙사로 사용되다 1960년대 외환은행에 매도되었다.

인천의 광방회관은 노구교사건 직후 담정택이 본국으로 귀국하면서 완전히 활동이 정지된 상태가 해방 후에도 지속되었다. 서울의 광방회관은 해방 후 무역회사 천덕양행天德洋行을 경영하는 정가현鄭家賢을 중심으로 운영되었다. 천덕양행은 현재의 플라자호텔 옆 한화빌딩 자리에 있었으며 이곳이 광방회관 사무실 역할을 했다. 정가현

이 1970년대 초 미국으로 이민을 떠난 후 그의 아들 정귀문鄭貴文이 광방회관을 운영했다. 그러나 정귀문도 1970년대 후반 미국으로 이민을 가면서 모든 것을 한성화교협회에 위임하고 광방회관은 문을 닫았다.

서울의 남방회관은 덕수궁 대한문 바로 옆에 회관을 마련하고 활동을 했지만, 회원 부족으로 활동은 미미했다. 그러나 아직도 명맥을 유지하고 있다. 북방회관은 2004년 설영복薛榮福 회장이 회관 명의 예금 9억 5,000만 원 가운데 3억 원을 한성화교협회에, 3억 원을 중국교민협회와 중국천지잡지사에 기부하고 해산한 상태이다. 그리고 서울의 북방회관, 광동회관, 남방회관은 명동2가 105번지 현재의 한성화교협회 건물을 건축할 때 각각 1,000만 원, 700만 원, 1,100만 원을 출자했다. 한성화교협회가 1,740만 원을 출자했고, 4개 단체가 중정도서관빌딩관리위원회를 조직하고 건물을 관리하고 있다. 현재 위원회에는 한성화교협회와 납방회관만이 참가하고 있다.

조선화교 및 한국화교의 동향회관 조직은 성별 혹은 각 성의 연합으로 방을 형성했지만, 동남아화교와 일본화교 사회에서는 그보다 하위 행정단위인 현縣의 동향회관도 조직되어 있다. 한국화교 사회에 현별 동향회가 조직된 것은 1970년대 이후였다. 수광동향연의회壽光同鄕聯誼會는 1972년 산동성 수광현 출신 화교에 의해 조직되었다. 이 연의회는 서울과 인천 지역에서 채소재배를 하다 중화요리업으로 업종을 바꾼 수광현 출신 화교가 중심이며 회원 전용 공동묘지도 갖고 있다. 문영동향연의회文榮同鄕聯誼會는 1989년 1월 산동성 문등文登, 영성榮成 출신 화교에 의해 조직되었다.

이 외에 혈연조직으로 1961년 서울에서 조직된 한화용망친의회韓華龍岡親誼會가 있다. 이 친의회는 종친회 조직이 아니라 『삼국지』에 등장하는 주인공 유비, 관우, 장비, 조자룡의 네 성의 전설적 의사친족 관계에 의해 결성된 친목단체이다. 이 연의회는 세계용망친의회 대회에 참가하고 있지만 활발한 활동을 펴고 있지는 못하다.

화교 사회를 결집하는 '중화회관'과 '중화상회'

동향회관은 각 동향회의 친목도모, 상호부조, 정보교환을 위해 설립되었기 때문에 각 동향회관 간에는 이해관계가 상충할 때가 있었다. 이러한 각 회관 간의 갈등을 조정하고 화교 사회 전체의 공익을 도모하기 위해 설립된 단체가 바로 중화회관中華會館이다. 중화회관이란 단체의 명칭이 세계에서 사용되기 시작한 것은 1870년대 이후로, 일본에서는 1873년 요코하마 중화회관이 처음이다.

원래 중화회관은 각 동향회관이 연합하여 설립되는 것이 보통인데 서울과 인천 중화회관은 그렇지 않았다. 서울 중화회관은 아직 각 동향회관이 조직되지 않은 1884년에 청국의 한성상무공서 주도로 설립됐다. 인천 중화회관도 각 동향회관이 조직되지 않은 1887년에 설립됐다. 일본화교의 중화회관은 화교의 공동묘지인 중화의지中華義地를 관리하는 역할을 유지하면서 지금까지 이어져 내려오고 있지만 조선 및 한국화교의 중화회관은 모든 역할을 중화상회에 넘겨주고

완전히 사라져버렸다.

중화상회는 화교 상공인의 동업단체이다. 청국의 상부商部는 1903년 11월 「간명상회장정簡明商會章程」을 공포하고 국내외 각 지역에 서구와 일본의 상공회의소와 같은 단체를 설립하도록 지시했다. 그 영향을 받아 1904년 서울에 화상총회가 설립되었고, 인천에는 1913년 중화상무총회가 설립되었다.

인천 중화상무총회는 북방회관, 광방회관, 남방회관 소속 각 상인 연합으로 조직되었고 화상의 상무를 진흥하는 것이 목적이었다. 3방의 상인이 서로 이해관계가 상충하는 사안이 있으면 이사회의 중재에 의해 해결을 도모하고, 화상의 재산, 전입, 사망, 이주 등은 상무총회에 보고하도록 되어 있었다. 경비는 4개 등급으로 부과된 각 화상의 회비로 충당되었다. 상무총회의 임원은 회장 1명, 부회장 1명, 의동議董 4명, 의원議員 17명으로 구성되었으며, 규모가 큰 상점을 경영하는 화상이 주로 임원을 담당했다.

중화상무총회의 명칭은 중화민국정부의 상회법 개정 때마다 변경되었다. 중화민국 건국 후인 1915년 새로운 상회법이 공포되어 중화상무총회는 중화총상회로 바뀌었으며, 남경국민정부 설립 직후인 1929년 상회법의 개정으로 중화상회 혹은 화상상회로 다시 바뀌었다. 이에 따라 서울의 화상총회는 중화총상회와 중화상회로, 인천의 중화상무총회는 중화총상회와 화상상회로 각각 바뀌었다. 서울과 인천 이외에도 각 지역에 중화상회가 조직되어 있었다. 서울과 인천의 중화상회는 중국 대륙에서 개최된 전국상회연합회 대회에 참석하기도 했다.

전국 각지의 중화상회는 각자 자율적으로 운영되다가 중일전쟁 발발 후인 1938년 2월 중화상회의 연합단체인 여선중화상회연합회 旅鮮中華商會聯合會 조직이 탄생했다. 조선총독부와 일본의 꼭두각시인 중화민국 임시정부의 경성총영사관이 전국의 화교를 효과적으로 관리 및 통치하고 친일, 용공容共의 통치이념을 실현하려는 목적이 있었다. 이 연합회 조직의 회장은 경성중화상회 회장, 부회장은 인천화상상회 회장이 각각 맡았다.

중화상회는 화교 상인 간의 친목과 이익을 도모하는 것이 본래의 목적이었지만, 각 지역 화교 사회를 관할하는 단체로서는 중화상회가 유일했기 때문에 민단民團의 역할을 담당했다. 총영사관 및 영사관 그리고 조선총독부의 화교 관련 말단 행정업무를 처리했다. 해방 직후 남한 지역의 중화상회는 해체되었지만, 곧 사무를 재개했으며 1947년 5월에는 여한중화상회연합회가 새롭게 조직되었다.

중화상회 이외의 동업단체에는 공회工會와 농회農會가 있었다. 1930년 10월 국세조사에서 화교의 직업별 분포를 보면, 상인이 전체의 34퍼센트로 가장 많았지만, 노동자와 농민은 각각 31퍼센트와 17퍼센트를 차지해 상당한 비중을 차지했다. 화농은 주로 대도시 주변의 농지에서 채소재배를 했는데 인천, 진남포, 신의주, 원산, 평양 등지에 농회가 조직되어 활동했다.

인천중화농회는 1912년에 설립되어 가장 역사가 깊었다. 중화농회는 화교 농민 간의 친목도모와 정보교류, 그리고 이익증진이 목적이었다. 회원은 만 20세 이상의 화농 및 그와 관련된 화교가 대상이며 운영은 월 50전~1원의 회비로 충당되었다. 인천중화농회는 현재의 인천 신포시장 내에 채소시장을 운영했다.

공회는 1929년 서울에 중화노공협회中華勞工協會의 명칭으로 설립되었다. 이 협회의 설립 목적은 화공 간의 연락, 생활 향상, 그리고 고용주와 노동자 간 분쟁의 해결에 두었다. 이 협회의 회원은 화공 및 그와 관련된 화교가 대상이었으며, 회비는 월 30전이었다. 협회의 임원은 회장 1명, 간사장 1명, 간사 3명, 평의원 10명으로 구성되어 있었다.

협회는 회원인 화공 대신 경찰 당국에 노동자거주 신청을 해주거나, 회원이 작업 중 부상을 당할 경우 고용주와 일체의 교섭을 해주고 의료비, 식비, 위문금을 지급했다. 또한 회원인 화공이 병으로 작업을 할 수 없을 경우는 협회가 모든 경비를 부담하고 귀국 시에는 여비를 지급했다. 중화노공협회는 서울에 본부를 두고, 1930년에 청진, 평양, 인천, 함흥 등에 분부를 설치하여 화공 보호 활동을 폈다.

이 외에 화교 중화요리점 경영자의 동업단체인 중화요리점조합, 화교 이발업자의 동업단체인 이발조합도 활발한 활동을 펼쳤다. 인천의 화상 포목상이 1924년 조직한 화상면포동업회華商綿布同業會는 주단포목상 간의 친목과 이익 증진을 위한 것이 목적이었다. 인천의 원염조합原鹽組合은 1925년에 설립되어 화교 소금 상인을 보호하고, 관련 업무를 처리하기 위해 조직된 동업단체였다. 인천 여관조합은 1924년에 설립된 동업단체로 인천의 화교 경영 객잔 및 행잔行棧을 회원으로 두었다.

해방 이후 한국화교의 동업단체는 농업, 노동자, 주단포목상점, 소금판매, 여관, 이발업의 쇠퇴로 대부분 활동을 중지했다. 반면, 화교 중화요리점의 번성으로 중화요리조합이 가장 큰 동업단체로 부상했다. 1955년 서울에 중화요식업협회가 설립되어 가장 큰 동업단체로 발전하고, 1980년대 초반 전국의 화교 중화요리점 업주 900명이 회원으로 참가했다. 각 지역에는 지부가 조직되어 있었으며 서울에는 한성중화요식업연합회가 있었다.

그러나 중화요식업협회는 1965년 중화요식업총회로 명칭이 바뀐 후, 한국인의 요리조합과 통폐합되어 사라졌다. 화교 중화요리사의 모임인 한국화교주사연의회韓國華僑廚師聯誼會는 1986년에 정식으로 결성되어 중화요리 기술의 연구와 전파를 목적으로 활동하고 있다. 한중 수교 이후 한국을 찾는 중국 대륙의 관광객인 요우커遊客의 증가로 그들을 대상으로 한 화교 경영의 여행사가 1990년대 들어 많이 설립되었다. 여한화인여유동업협회旅韓華人旅遊同業協會는 1999년 화교 경영 여행사의 동업단체로 설립됐다.

화교협회, 교민협회, 그리고 북한의 화교연합회

근대 조선화교의 사회단체 가운데 핵심적인 역할을 했던 중화상회는 해방 후 남북한 지역에서 모두 영향력을 상실했다.

한국화교의 중화상회는 1947년 여한중화상회연합회 조직이 재건되어 전국적인 단체로 거듭났지만 서울에 장개석 국민정부의 총영사관이 1947년에 설립된 후 순수한 화교 경제인 단체로 전락했다. 한성총영사관은 화교 거주지를 48개 자치구로 분할하고, 각 자치구

대구자치구공소를 통해 대만대사관이 1955년 9월 1일 발행한 대구화교 이한씨(李韓氏)의 화교등기증 ⓒ 대구화교협회

에 '구공소', 서울에는 '남한화교자치구총공소'를 설립했다. 자치구 조직은 화교 간의 분쟁 조정, 화교 등기증 및 결혼 등록, 출생신고 등의 행정 업무를 처리했다. 기존 중화상회가 담당하던 행정 기능이 자치구 조직에게 이양된 것이다. 이로 인해 중화상회는 순수한 화상 동업단체로 바뀌었다.

그리고 한국전쟁의 상황인 1950년 9월에는 대만대사관의 주도로 여한화교단체연합판사처旅韓華僑團體聯合辦事處가 설립되었다. 이 연합판사처는 자치구총공소와 중화상회연합회 조직을 통합한 것이었다. 대만대사관은 '자치'라는 명칭이 한국에서 오해를 초래하기 쉽다고 판단해 1962년까지 전국의 자치구 조직을 화교협회 조직으로 바꾸었다. 화교협회 조직의 규칙 제4조에 대만대사관 영사부의 지도·감독하에 일체의 업무를 추진하는 것이 명문화되어 화교협회는 사실상 대사관의 하부 행정기관이었다.

한국화교의 화교협회 체제는 지금까지 이어지고 있다. 한성화교협회의 경우, 해방 후 수표동에 위치한 중화상회 건물이 한국전쟁 때 화교 피난민의 임시 거주지로 되면서 휴전 후 명동의 대만대사관 부지 내의 한옥 건물에 임시 거처를 마련했다. 한성자치구공소에서 한성화교협회로 바뀐 후인 1969년 명동 소재의 국민당 주한직속지부인 교무복무위원회 건물 1층을 임대하여 사무실로 사용했다. 대만정부 소유의 명동2가 105번지에 북방회관, 남방회관, 광방회관과 함께 출자하여 1975년 7월 중정도서관빌딩을 건축하고, 이 빌딩에 한성화교협회 사무실을 설치하여 지금에 이르고 있다.

대만대사관 관할하의 화교협회 조직은 1992년 한중 수교로 새로운 도전에 직면하게 된다. 한성중국교민협회가 중국대사관의 협조로 2002년 새롭게 조직됐다. 중국 대륙 지지를 표방하는 새로운 화교협회가 출현한 것이다. 교민협회는 2008년에 중국재한교민협회로 명칭을 변경하고 중국 국적을 가진 재한 중국인도 모두 참여할 수 있는 단체로 확대되었다. 이 단체는 중국대사관의 적극적인 지원을 받으며 국무원 산하 교무판공실의 지원으로 각종 행사를 주관하고 있다. 한성화교협회는 점차 증가하는 한국 내 중국정부의 영향력을 무시할 수 없어 2003년 서울 주재 대만의 대북대표부의 반대에도 불구하고 중국대사관에 사회단체 정식 등록을 마쳤다. 중국대사관은 한성화교협회에 화교의 중국 비자업무 권한을 부여했다. 2002년 이후 한국화교 사회는 친親대만계의 화교협회와 친親대륙계의 중국재한교민협회의 2개 단체가 공존하는 현상이 이어지고 있다.

한국화교, 즉, 노화교 대부분은 여전히 화교협회 조직에 참여하고 있고, 교민협회에 참여하는 노화교는 일부에 불과하다. 하지만 한국화교의 인구가 지속적으로 감소하면서 화교협회 조직이 제대로 운영되는 곳은 서울, 영등포, 인천, 부산, 대구 등 대도시 화교협회에 불과하고, 지방의 화교협회는 문을 닫은 곳이 많다. 화교의 인구가 적은 충청도와 강원도 지역에는 각 화교협회의 연합조직인 충청도화교협회연의회와 강원도화교협회연의회가 각각 1993년에 조직되어 약화된 지역 화교협회의 기능 강화를 도모하고 있다. 한국전쟁 이후 유명무실화된 중화상회 조직은 1995년 5월 '한국화교경제인협회'로 재출발했다. 이 협회는 2004년 한국중화총상회로 명칭을 바꿔 2005년 서울에서 세계화상대회를 개최했다.

한편, 북한화교의 사회단체는 어떠할까? 연구에 따르면, 북한화교는 화교연합회華僑聯合會를 통해 자신들의 커뮤니티를 유지하고 있다. 해방 직후 북한 지역의 중화상회는 해체되고 대신 화교회華僑會가 각 지역에 조직되어 활동했다. 중국 공산당이 1946년 8월 평양에 대사관과 같은 역할의 주조선판사처를 설치하고, 1947년 2월 북조선화교연합총회北朝鮮華僑聯合總會를 설치했다. 그리고 평양, 신의주, 남포, 평안북도, 황해도, 함경북도에 각각 연합회를 조직했다. 연합총회와 각 지역의 연합회의 위원장은 주조선판사처의 추천을 받아 중국에서 파견된 공산당원이 맡았다. 하지만 중소도시와 농촌 지역 화교연합회는 지역 출신 화교에 의해 운영되었다.

북한의 화교연합회는 형식적으로 북한 노동당의 하부조직인 교무위원회의 관할하에 놓여 있었다. 연합회는 주조선판사처와 북한정부로부터 이중으로 관리되는 단체였다. 북한정부는 연합회의 관리기관을 1953년에 교무위원회에서 북한 노동당 조직부로 변경하고, 그 후 간부부幹部部, 사회부로 재차 변경한 후, 1957년에는 통일전선공작부 소속으로 바꾸었다. 그러나 화교 관련 관리는 주조선판사처에 의해 주로 이뤄졌으며 북한 노동당의 관리 기관은 거의 간섭하지 않았다. 주조선판사처가 해체되고 대사관이 설립된 후에는 화교연합회는 대사관과 총영사관의 관할을 받는 것으로 바뀌었다.

화교연합회 조직은 한국의 화교협회와 유사한 행정기능을 담당했다. 북한화교가 1950년대 대량으로 귀국할 때는 대사관의 승인 아래 귀국증명서, 휴대품증명서 발급 관련 업무를 했다. 화교연합회의 임원은 지역 화교의 대표로 화교학교의 운영에 깊숙이 관여했다.

그러나 1958년 북·중 양국 간의 협정에 따라 화교연합회의 운영권이 북한정부에 완전히 이관되면서 화교단체를 대표하는 기관의 기능을 상실해갔다. 북한정부는 화교연합회 간부의 국적을 북한국적으로 바꾸는 조치를 내렸다. 북한 노동당과 정부는 화교연합회총회를 노동당위원회로 승격하고 북한 사람 당서기를 파견하고 명칭을 화교연합회 중앙위원회로 바꾸었다. 중앙위원회의 운영과 인사권은 북한 노동당 기관에 의해 장악되어 화교 자치권을 상실한 것이나 다름없었다.

현재 화교연합회 중앙위원회는 평양시 노동당위원회와 평양시 인민위원회 외사국에 의해 관할되고 있으며, 소관 업무는 화교의 귀국증명서 발급 관련 업무만 담당하여 북한 화교연합회의 총괄로서의 직권은 사라졌다. 사실상 평양시 화교연합회의 역할을 담당하고 있을 뿐이다. 각 도의 화교연합회는 각 도 인민위원회 외사국에 의해 관할되고 있다.

각 도 화교연합회 조직은 산하에 지부를 두고 있지만, 화교의 인구 감소로 지방의 지부 조직은 성립 자체가 되지 못하고 있다. 함경남도 상원군, 신포시, 장진군의 경우 화교 호수는 각각 2호에 불과하고, 함주군은 1호밖에 없다. 함경북도의 수부인 청진도 80호에 불과하다. 화교연합회가 제대로 운영되는 곳은 1,000~2,000여 명의 화교가 거주하는 평양과 신의주 정도에 불과하다.

재이주한 지역에서 한화韓華의 정체성으로 뭉치다

한국화교는 1970년대 이후 미국, 대만, 중국 대륙으로 재이주했고, 이주지에서 화교협회를 조직하여 활발히 활동하고 있다.

미국으로 재이주한 화교는 비교적 부유한 화교가 많았다. 초기에는 캘리포니아로 이주를 많이 했다. 8,000여 명의 한국화교가 거주하는 캘리포니아 남부 지역에는 1983년에 남가주 한화연의회가 설립됐다. 남가주 한화연의회는 뉴스레터를 발행하여 1,000호의 화교 가정에 보내고 있다. 남가주 한화연의회 소속의 한국화교는 대부분 산동성 출신이기 때문에 캘리포니아 남부 지역의 산동동향회관을 주도하고 있다.

캘리포니아 남부 지역에 이어 한국화교의 거주자가 많은 캘리포니아 북부 지역에는 1990년에 북가주 한화연의회가 설립되었다. 2004년까지 미국 각 지역에 12개의 연의회가 잇따라 설립되었다. 각 지역의 연의회는 설날과 추석 때 만찬회, 5월에는 경로회 및 어버이날 행사를 개최한다.

이러한 각 지역의 연의회가 모체가 되어 1996년에는 전미全美한화연의회가 설립되었다. 미국에 재이주한 한국화교 및 그 가족은 1만~1만 5,000명으로 추정되고 있다. 전미한화연의회는 비정기적으로 미국에 재이주한 한국화교의 주소록을 정리한『전미한화통신록全

연태한화연의회의 깃발을 펼쳐 보이는
양복전(楊福田) 회장

美韓華通訊錄』을 발행한다.

대만에 재이주한 한국화교는 1만 5,000여 명으로 추정되고 있다.
1980년대 '한국화교귀국협회'라는 사회단체가 조직되었지만, 참가
자가 적어 얼마 지나지 않아 해산되었다. 그러다 무역업에 종사하는
화교 진광증陳廣增을 중심으로 2003년 11월 대북에 '중화민국한국화
교협회'를 설립했다. 협회의 회원은 2,000여 명이다. 주요한 업무는
재이주한 한국화교에게 직업소개, 출입국관리문제해결, 결혼소개 등
을 해주는 활동을 하고 있다.

한중 수교 이후 한국화교의 고향인 산동성으로 재이주하는 화교
가 증가했다. 한국에서 재이주하는 화교도 있지만, 미국과 대만으로
재이주한 한국화교가 다시 산동성으로 이주하는 경우도 많다. 이주
의 목적은 요리점, 공장 경영과 부동산 투자, 거주 등 다양하다. 한국

화교 재이주자가 2001년 1,000여 명에 달하자 화교 장충지張忠志를 중심으로 연태한화연의회를 조직했다. 회원은 200여 명이다. 나는 2006년과 2015년 두 차례 연태한화연의회 사무실을 방문했는데 그때마다 노인 회원들이 마작을 두면서 친선을 도모하고 있었다.

세 단체는 한성화교협회와 연계하여 활동하고 있다. 미국에 재이주한 한국화교가 주축이 되어 결성된 미국제노연의협회美國齊魯聯誼協會 발행의 《미국제노한화잡지美國齊魯韓華雜誌》는 네 단체의 활동을 각각 소개하고 있다. 이 잡지는 3개 단체와 한국 각지의 화교협회를 통해 배포되고 있다. 한성화교협회가 매월 발행하는 《한화통신》도 3개 단체의 소식을 전한다.

대만정부가 2006년 서울 수표동 구舊중화상회 부지를 처분하려 하자 한성화교협회를 중심으로 화교의 재산을 지키자는 이른바 '호산護産운동'을 펼쳤다. 당시 3개 단체도 적극적으로 이 운동에 동참했다. 한국에 거주하는 한국화교든 미국, 대만, 중국으로 재이주한 한국화교든 모두 '한화'라는 정체성으로 똘똘 뭉치고 있는 현상을 발견할 수 있다.

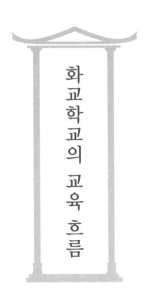

화교학교의 교육 흐름

화교 용어 가운데 '교사삼보僑社三寶'라는 말이 있다. 화교 사회의 세 가지 보배라는 뜻인데, 화교의 사회단체, 화교학교, 화교 언론기관을 말한다. 세 가지 모두 화교 사회의 유지 및 발전에 절대적으로 필요한 것이지만 화교학교의 존재는 삼보 가운데서도 가장 중요한 것으로 여겨지고 있다. 화교학교의 역할은 중국인으로서의 정체성 유지 및 전통문화 계승, 화교 사회의 유지와 발전에 있다. 한반도의 화교학교 역사는 117년을 헤아린다.

화교학교 설립

　조선화교가 설립한 화교학교는 해방 직전 화교소학이 29개교, 화교중학이 1개교로 총 30개교에 달했다. 일본화교의 화교학교가 패전 직전 요코하마중화공립소학, 고베중화동문학교, 나가사키시중時中소학의 3개교밖에 없었던 것과 비교된다. 일본화교의 인구가 조선화교 인구의 2분의 1에서 3분의 1인 것을 감안하더라도 조선의 화교학교가 상대적으로 많았다는 것을 알 수 있다.

　화교소학의 설립 시기는 중일전쟁 이전 시기에 14개교, 그 이후에 14개교로 양분된다. 인천화교소학이 가장 빠른 1902년, 한성화교소학이 1909년, 부산화교소학이 1912년, 신의주화교소학이 1915년, 진남포화교소학이 1919년, 원산화교소학이 1923년, 평양화교소학 1927년, 동평양화교소학과 해주화교소학이 각각 1928년에 설립되었다. 그리고 1930년대에 들어 청진·운산북진·용암포·신의주화공·신의주화농화교소학이 연이어 설립되었다. 중일전쟁 이전에 설

한성화교소학의 현재의 모습

립된 화교소학은 화교 인구가 많고 화교의 경제적 기반이 탄탄한 도시 지역이 중심이었다.

중일전쟁 이후 짧은 기간 내에 14개교의 화교학교가 설립된 원인은 무엇일까? 그것은 중일전쟁 이후 화교를 둘러싼 정치적 상황 변화와 관련이 있다. 조선총독부는 중일전쟁 직후 조선과 화교의 고향인 산동성 및 하북성 지역과의 사람, 화폐, 물자의 이동을 제한했다. 일본은 화교를 통해 전달된 자금과 물자가 국민당중앙군과 공산당군에게 흘러 들어가는 것을 경계했기 때문이다.

이러한 통제 때문에 화교는 조선에서 번 돈을 마음대로 고향에 송금하거나 휴대하여 전달할 수 없게 되어 고향의 가족 생계에 큰 타격을 주었다. 조선에 이주한 남성 화교는 단신으로 이주하여 조선에서 일하여 번 돈을 고향에 보내 가족의 생계를 유지하는 것이 일반적이었다. 그래서 조선에 이주한 단신 성인 남성 화교는 고향에 있는 부인과 자식을 조선에 불러들여 같이 생활하게 되었다. 조선화교의 남녀 성비를 보면 그것을 확인할 수 있다. 1910년 조선화교의 남녀 비율은 1910년 1:0.10에서 1941년에 1:0.41로 개선되었다. 즉, 취학 연령의 화교 자녀가 증가한 것이다. 여기에다 조선총독부는 화교학교를 통제할 시스템을 갖추고 있었고 통치에 활용할 정치적 의도가 있었기 때문에 화교학교 설립에 적극적으로 나서 도와주었다.

1941년에 설립된 대구화교소학과 군산화교소학을 제외한 나머지 12개 학교는 모두 북한 지역에 위치했다. 12개 학교는 대체로 교통이 불편하거나 화교의 인구가 적은 중소도시에 자리했다. 교원의 수는 대체로 1~2명에 불과한 간이학교였다. 이 지역 학생의 학부모는 대체로 생활이 곤란해 학교운영비를 마련할 수 없는 처지여서 중화민국정부에서 지급하는 보조금으로 운영될 수밖에 없었다.

교동회 중심의 화교학교 운영

조선의 화교학교 가운데 역사적으로나 시설·운영의 측면에서나 가장 모범적인 학교는 인천화교소학과 한성화교소학이었다. 두 학교는 지금도 잘 운영되고 있다.

1902년 설립된 인천화교소학은 처음에는 중화회관의 방을 빌려 시작한 서당과 같은 사숙私塾으로 시작했다. 사숙형태의 학교에서 근대의 공립학교로 전환된 것은 중화민국 수립 직후인 1914년 3월이었다. 그리고 주인천영사관 옆 부지에 붉은 벽돌 건물의 새로운 교사를 마련하여 중화회관 건물에서 이전한 것은 1923년 가을이었다.

정부의 보조가 부족한 상황에서 학교 운영은 재정이 가장 큰 골칫거리였다. 주인천영사관은 영사관의 운영비로 사용하던 각종 수수료 수입을 학교의 운영비로 사용할 수 있게 해달라고 본국 정부에 요청해 허가를 받아냈다. 이러한 수수료 수입이 1929년 학교 연간 수입에서 차지하는 비율은 무려 53퍼센트를 차지했다. 학비 수입은 전체 수입의 18.1퍼센트에 불과하고 그 이외는 부동산 임대료 수입이었다. 학교의 연간 지출은 교원의 봉급 및 직원의 특별 수당이 전체의 60.3퍼센트를 차지하여 압도적으로 높았으며, 연료비 9.9퍼센트,

식비 7.1퍼센트, 잡비 6.0퍼센트, 수리비 4.1퍼센트, 세금 2.4퍼센트, 도서구입비 2.1퍼센트를 각각 차지했다.

한성화교소학은 1906년 인천화교소학과 같이 한성화상총회 내에 사숙의 형태로 설립되었다. 이 학당이 근대적인 공립학교로 승격된 것은 1916년 9월이었고, 이때 학교 교사를 화상총회에서 총영사관으로 이전했다. 한성화교소학은 인천화교소학에 이어 조선의 화교소학 가운데 두 번째로 중국정부가 인정한 공립학교였다.

한성화교소학의 1930년 2월 당시의 현황은 다음과 같다. 이 학교의 교직원은 5명(남성 4명, 여성 1명)으로 같은 시기 인천화교소학보다 2명 적었다. 학생 인원은 152명(남자 109명, 여자 43명)으로 오히려 인천화교소학보다 29명이 더 많았다. 졸업생 인원은 68명으로 인천화교소학의 77명과 비슷했다. 교장은 북경대학을 졸업한 위석갱魏錫賡 주경성총영사관 부영사가 맡고 있었다.

인천화교소학과 같이 한성화교소학도 학교 운영비를 위한 고정 수입을 확보하고 있었다. 총영사관이 소유하는 부동산 8개의 건물 임대료 수입은 1931년 당시 월 280원(연간 3,360원)에 달했는데 본국 정부는 이 수입을 학교 운영비에 충당하도록 허가해주었다. 이 임대료 수입이 학교 총수입에서 차지하는 비율은 무려 7할이었다.

두 공립학교의 운영은 주경성총영사관과 주인천영사관이 각각 관리 운영했다. 그러나 영사관원이 관리하는 데는 한계가 있었기 때문에 학교의 이사회라 할 수 있는 교동회校董會를 두었다. 한성화교소학은 1930년 처음으로 교동회를 개설했다. 교동회의 규칙에 의하면, 교동회의 인원은 9명으로 하고 경성총영사관에서는 총영사와 영사 2명이 참가하며 그 외에는 서울 화교 사회의 지도자급으로 기부금을 낼 경제력이 있는 화교 7명이 참가했다. 총영사가 회장을 맡고 영사는 동사회의 실무를 담당했다.

교동회는 학교의 일체 사무를 지도하고 감독하는 권한, 경비의 조달 및 모집, 보관의 권한, 학교의 재산을 보관하는 권한, 교장을 선발하여 초빙하는 권한, 예산 및 결산을 심사하는 권한 등 학교 전반에 걸쳐 절대적인 권한을 가지고 있었다.

중국정부에 의해 흔들리는 화교의 교육

학생에게 어떤 과목으로 어떤 내용의 교육을 실시하는가에는 정치가 개입된다. 한국에서 '진보정권'이 정권을 장악하느냐, '보수정권'이 정권을 장악하느냐에 따라 교육의 방향이나 교과의 내용에 변화가 발생하는 것과 같다.

화교학교도 그러했다. 조선의 화교학교는 모두 본국 정부에서 발행된 교과서를 사용하여 학생들을 가르쳤다. 중국 본토가 어떤 정권인가에 따라 화교학교의 교육 방침과 내용에 변화가 있었다. 중화민국 북경정부의 교육방침은 도덕교육을 중심에 두고 실업교육實業教育, 군국민교육軍國民教育, 미감교육美感教育을 실시하는 데 있었고, 어떤 정치적 색채를 가지고 있지는 않았다.

그러나 중화민국 남경국민정부가 수립되면서 교육에 일대 혁신이 일어났다. 손문의 민족, 민권, 민생을 기본으로 한 삼민주의三民主義를 교육에 철저히 반영하는 민족주의 교육이 시행됐다. 남경국민정부는 국민당을 근간으로 한 이당치국以黨治國의 정부였기 때문에 이러한 교육을 당화교육黨化教育이라고도 했다.

이러한 당화교육 방침은 1929년부터 조선의 화교학교에 그대로

남경국민정부 발행의
반일 교과서에 실린
불평등조약 관련 그림
(東亞經濟調査局 編
譯(1929), 54쪽)

적용되기 시작했다. 한성화교소학의 교과에는 '삼민주의' 과목이 개설되었고, 인천화교소학에는 당의黨義 과목이 개설되었다. 다른 화교학교도 마찬가지였다. 삼민주의 및 당의 과목의 주요한 내용은 중국을 반식민지로 전락시킨 서양과 일본에 대한 반제국주의, 중국 문명의 위대함과 중국인의 일치단결을 강조하는 민족주의가 근간이었다.

남경국민정부의 민족주의 교육은 일본 및 조선총독부 당국의 정책에 배치되는 것이었다. 조선총독부는 1932년 인천 노교소학이 사용할 삼민주의, 지리, 상식, 역사 교과서 80권의 수입을 금지했다. 같은 해 한성화교소학에서는 배일排日 포스터 문제로, 1935년 신의주화공소학에서는 배일 잡지 문제로, 1936년 평양화교소학은 부흥상식독본復興常識讀本 외 3종의 교과서 문제로 각각 경찰의 조사를 받았다. 이러한 조선총독부의 탄압 때문에 화교학교는 남경국민정부 검인의 교과서 대신 만주국 교육부 검인의 교과서를 사용하는 고육책을 썼다.

중일전쟁 직후 북경에 친일 허수아비의 중화민국임시정부가 수립되면서 화교학교의 교과 내용에 일대 변화가 일어났다. 임시정부는 국민당정부의 독재정치 일소, 공산주의 배격, 일본과의 우의 돈독, 국민산업의 개발을 건국이념으로 설정했기 때문에 교육방침은 중일친선, 국민당의 당화교육배제, 용공사상의 절멸, 구미歐美 의존의 전환으로 바뀌었다. 임시정부의 교육방침은 왕정위 남경국민정부의 교육방침에 그대로 계승되었다.

조선의 화교학교는 이러한 정치적 상황의 변화로부터 자유로울 수 없었다. 주경성총영사관은 반일·친국민당親國民黨의 교원을 친일·반국민당反國民黨의 교원으로 교체했다. 그리고 교과서는 남경국민정부 교육부 교과서국教科書局 검인의 교과서가 1938년부터는 북경임시정부의 북경교육총서편심회北京教育總署編審會 편찬 교과서로, 1940년 임시정부가 해체된 후는 화북정무위원회교육총서편심회華北政務委員會教育總書編審會 편찬 교과서로 바뀌었다.

교과목에도 변화가 발생했다. 이전의 삼민주의 과목은 수신 과목으로 대체되었다. 일어 과목의 교육은 남경국민정부 시기에 5학년·6학년 때 1주일에 2시간 하는 수업이 고작이었지만, 1942년 6월에는 2학년 3시간, 3학년·4학년 4시간, 5학년·6학년 5시간이 각각 배정되었다. 수업시간으로 보면 국어(중국어), 산술 시간 다음으로 많았다. 그리고 1944년 설립된 서울의 화교중학인 광화학교光華學校의 일어 수업 시간은 1~4학년은 각각 6시간으로 국어 5시간, 수학 4시간보다 오히려 더 많았다. 일본어 수업이 많아지면서 일본인 교원의 채용도 자연스럽게 늘어났다.

조선총독부와 주경성총영사관은 화교학교의 교직원과 학생을 각종 정치적 행사에 동원했다. 예를 들면, 주경성총영사관은 1940년 11월 30일 한성화교소학 운동장에서 왕정위 남경국민정부 주석 취임을 축하하는 행사에 화교 800명 외에 학생 300명을 동원했다. 주신의주영사관은 1941년 3월 30일 남경 환도 및 남경국민정부 성립 1주년을 기념하는 식전에 신의주 관내 화교소학 학생을 총동원했다.

사라져가는 한국의 화교학교

해방 후 한국의 화교학교는 다시 장개석 국민정부의 관할하로 돌아갔다. 국공내전과 냉전형성으로 대만과 한국이 반공을 공통 기반으로 하여 우호국이 되면서 화교학교의 교육은 그러한 방향으로 이뤄졌다.

해방 직전 남한 지역에 위치한 화교학교는 한성, 인천, 부산, 대구, 군산의 5개교에 불과했다. 그러나 대만정부가 48개 자치구에 화교소학 설립을 추진하면서 1958년에는 36개의 화교소학으로 증가했다. 화교소학의 증가로 중고등 교육기관이 필요해짐에 따라 대도시를 중심으로 화교중학이 설립되었다. 한성화교중학은 1948년, 부산화교중학은 1954년, 인천화교중산중학은 1957년, 대구화교중학은 1958년에 각각 개설되었다. 1958년 4개 화교중학과 36개 화교소학에 재적하는 화교학생은 4,900여 명에 달했다.

화교학교의 교과과정은 대만 교육부의 지침을 따라 정해졌다. 교과서는 교무위원회에서 보내온 것을 사용했기 때문에 대만 국내와 거의 동일한 커리큘럼의 교육을 받았다. 한국에 설치된 화교학교의 특성상 거주국의 국어인 한국어 수업이 개설된 것이 특징이다. 화교소학은 3·4학년과 5·6학년 학생은 주당 1시간의 한국어 수업, 화교중학 중등부는 학년과 관계없이 주당 3시간의 수업이 할당되어 있었다. 그러나 중국어(국어) 수업 시간이 각각 5시간과 6시간인 것에 비하면 한국어 수업은 상대적으로 적다고 할 수 있다.

화교학교는 화교 인구가 줄어들기 직전인 1970년대 전반이 전성

폐교한 충남의
강경화교소학

기였다. 1974년의 화교학교는 유치원 3개교, 소학 50개교, 중학 5개교에 학생 수는 1만 1,169명으로 1958년의 2배 이상으로 증가했다. 1980년대 들어 화교 인구가 본격적으로 줄어들기 시작하면서 1990년대 들어 문을 닫는 화교학교가 급증했다. 현재의 화교학교는 중학 4개교, 소학 11개교에 불과하다. 서울, 영등포, 인천, 부산, 대구, 수원, 의정부 등 대도시의 화교소학만 살아남고 중소도시나 농촌부의 화교소학은 거의 폐교된 상태이며, 학생 수는 2,000여 명에 불과하다. 40여 년 사이에 5분의 1로 학생 수가 줄어든 것이다.

　대만의 정치 상황 변화로 화교학교의 교육에도 변화가 감지된다. 내가 영동의 중화요리점에서 장개석의 사진이 벽에 걸려 있는 것을 본 1987년만 하더라도 국민당이 집권하던 때였다. 당시 장개석은 한국화교의 우상과 같은 존재였다. 그러나 2000년 대만 독립을 주장하는 민진당이 정권을 장악하면서 '대만화 교육'이 본격적으로 추진되었다. 대만의 소학은 새롭게 향토교학활동鄕土僑學活動 과목을 도입했는데 이 과목은 대만의 역사와 문화를 가르친다. 한국의 화교소학은 이 과목을 배우지 않고 있다. 또한 최근 역사 및 국어 교과서에서 중국의 역사와 전통문화에 대한 비중을 줄이고 대만의 비중을 높이는 방향으로 흘러가면서 화교학교의 고심은 깊어지고 있다. 한국화교는 고향이 대만이 아니라 산동성을 비롯한 중국 대륙이기 때문에 민진당 정부의 '대만화 교육'에 반발하고 있다. 한국화교는 민진당보다 국민당을 적극 지지하는 정치적 입장을 견지하고 있다.

한국의 화교학교는 현재 대만의 교무위원회가 관할하고 있고 서울의 대북대표부 및 각 학교의 교동회(이사회)를 통해 교육을 실시하고 있다. 화교학교는 최근 중국의 영향력이 날로 거세지고 있는 상황에서 대만의 교과서를 계속 사용해야 하는가에 대한 근본적인 문제를 제기하고 있다. 그리고 1980년대까지 화교중학을 졸업한 학생은 대만의 대학에 진학하는 것이 대부분이었지만, 대만정부가 귀국 화교 학생에게 신분증명서(호적)를 부여하지 않아 졸업 후 취업이 곤란해지면서 졸업생의 3분의 2가 한국의 대학에 진학하고 있다. 화교학교에게 대만의 중요성이 점차 감소하고 있는 것이다.

한편, 한국정부는 화교학교에 대해 1977년까지 아무런 정책을 가지지 않은 채 방임정책으로 일관했다. 한국정부는 1978년 화교학교를 '외국단체'로 등록하게 하는 대신 기존의 교육 시스템을 모두 인정해주었다. 그리고 1999년에 화교학교를 비롯한 모든 외국인학교를 '각종학교各種學校*'로 등록하도록 지시했다. 이러한 제도를 도

---

* 정규 학교로서 인가를 받지 못하였으나, 일반 정규 교육기관과 유사한 교육을 실시하고 있는 학교.

입한 이유는 한국인 학생이 화교학교에 다니지 못하도록 하기 위한 것이지 화교학교를 규제하기 위한 것은 아니었다.

한국정부는 화교학교의 운영과 교육내용에 대해 일체 관여하지 않으며, 일체의 지원도 하지 않고 있다. 일본의 화교학교 졸업생이 국립대학에 입학하려면 검정고시에 합격해야만 자격이 부여되지만, 한국의 화교학교는 국립대학과 사립대학을 불문하고 외국인 특례입학의 형태로 대학에 입학할 수 있다. 한국정부가 화교학교를 '각급 학교'로 규정하고 있지만 정식 학교로 인정하고 있는 이중성을 보여주고 있다.

북한정부에 좌지우지되는 북한의 화교학교

북한에도 물론 화교학교가 있다. 화교중학은 중국인고등학교, 화교소학은 중국인인민학교라 부른다. 화교중학(중고등학교)은 모두 4개교로 평양, 신의주, 강계, 청진에 각각 1개교씩 운영되고 있다. 화교소학은 평양 2개교와 신의주, 강계, 청진, 박천, 의주, 동림, 만포, 원산에 각 1개교로 총 10개교가 운영되고 있다.

해방 직전 조선의 화교학교는 남한 지역에 5개교, 북한 지역에 24개교로 북한 지역에 집중되어 있었다. 북한 지역에는 화교중학이 없었기 때문에 해방 후 주조선판사처는 북한 노동당의 협조를 얻어 1947년 8월 평양 보통강구역의 대타령大駝嶺에 화교중학을 설립했다. 평양화교중학의 교장과 교원은 대부분 중국 대륙에서 파견된 지식인이었으며 조선족 출신 지식인도 있었다. 설립 당시 학생 수는 100여 명이었다. 각 지방의 기존 화교소학은 다시 문을 열었고, 새롭게 개교한 화교소학도 있어 1950년 초 북한의 화교소학은 101개교, 화교중학은 2개교, 학생 인원은 6,738명, 교사 인원은 300여 명에 달했다.

북한의 화교학교와 한국의 화교학교의 가장 큰 차이는 운영 주체에 있다. 북한정부는 1949년 3월 '중국인학교 관리에 관한 결정'을 공포했다. 화교학교는 이전에 화교연합회가 관리했지만, 그해 4월부터 북한정부 교육성으로 이관되었다. 교육성 내에 화교 교육 부서를 설치하고, 각 도의 교육부에는 간부를 두고 각 화교학교에 파견하여 관리했다. 북한정부의 교육 당국이 화교학교의 인사권과 행정권을 장악했으며 화교학교의 모든 경비를 부담했다. 하지만 화교학교의 교과서는 중국정부가 제공한 것을 사용했으며, 수업은 중국 보통화普通話, Mandarin*로 이뤄졌다. 화교연합회도 화교학교의 운영에 간접적으로 관여했으며 화교 학부모로 구성된 '학부모회'도 학교발전을 위해 참여했다.

그러나 한국전쟁과 북·중 관계 악화로 화교학교의 교육에는 일대 변화가 일어났다. 전쟁 중에는 다수의 화교가 중국으로 귀국하여 화교학교가 제대로 운영되지 못했다. 이것은 한국의 화교학교도 마찬가지였다. 휴전 이후 화교학교는 급속히 회복하여 1961년에는 화

---

* 중국에서 현대 한어(漢語)의 표준어인 중국어를 이르는 말.

교학교 61개교, 화교중학 4개교, 교직원 150명에 달했다.

북·중 관계가 악화된 1960년대에 들어 화교학교는 '북한화'의 큰 변화를 겪게 된다. 북한정부는 화교연합회의 간부를 필두로 국적을 중국에서 북한으로 변경할 것을 강요했다. 이러한 요구를 부당하다며 귀국하는 화교가 많았으며 그 가운데에는 화교 교원이 많았다. 게다가 북한정부 교육성은 1963년 8월 화교학교 사용의 교재를 전부 북한의 초중고에서 사용하는 교과서로 바꾸고, 수업은 조선어로 하라고 각 화교학교에 하달했다. 중국어 수업은 화교 교사에 의해 이뤄졌지만 일주일에 한 번 수업할 뿐이었다. 국어 수업은 중국어가 아니라 조선어로 바뀐 것이다. 이와 동시에 화교학교의 통폐합이 진행되어 화교학교의 수가 급감했다. 화교학교가 감소함에 따라 지방의 화교 자제는 인근의 북한 학교에 다니는 경우가 많아졌다. 그 결과 화교학교를 졸업한 화교학생은 중국어를 제대로 말할 수 없게 되었고 중국의 역사와 전통문화에 대한 기초 지식도 갖추지 못한 채 졸업하는 경우가 많다.

한국의 화교학교가 어려움에 직면한 것처럼 북한의 화교학교도 사정은 더욱 녹록지 않다. 제대로 운영되는 화교학교는 평양과 신의주 소재의 학교 정도이다. 신의주의 화교학교도 학생 다수가 중국에 귀국하여 교육을 받고, 화교 특례로 중국의 대학에 입학하기 때문에 갈수록 학생 수가 줄어들고 있다. 북한화교는 이대로 가면 화교학교가 문을 닫지 않을까 걱정하고 있다.

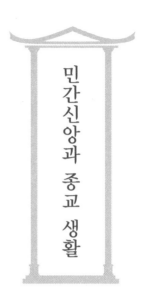

민간신앙과 종교 생활

이국에 거주하는 화교에게는 심리적 안식처가 필요하다. 종교와 종교적 행사는 화교와 화교의 마음을 이어주고 서로 돕게 함으로써 화교 사회의 유지발전에 큰 역할을 한다. 중국인의 한반도 이주에 따라 그들의 종교도 함께 따라왔다. 중국의 종교는 크게 세 가지로 구분된다. 먼저 5교인 유교, 불교, 도교, 기독교, 이슬람교가 있다. 둘째는 5교와 중국의 민간신앙이 결합하여 새로운 교리와 교단을 만들어낸 것인데, 이를 민간종교라 한다. 셋째는 중국 민간에서 전통적으로 신앙하는 신을 모시지만 교리와 교단을 갖추지 못한 민간신앙이 있다. 화교는 이러한 중국의 종교와 민간신앙을 어떤 형태로 이주지에 뿌리를 내렸을까?

거선당, 의선당 그리고 달마불교회

서울 중국대사관 정문 담장 맞은편, 서울 명동2가 89번지. 이 부지에 세워진 건물은 외관을 보면 일반 건물과 다를 게 없다. 그러나 건물 4층과 5층에 들어가보면 완전히 다른 세계가 숨어 있다. 문 앞에 걸린 '사원거선당寺院居善堂'이라고 적힌 편액 밑을 통과해 들어가면 '신의 세계'가 펼쳐진다.

삼국지의 영웅으로 재신과 무신인 관우, 바다의 항행을 지켜준다는 마조媽祖, 중생을 위험에서 구제해준다는 불교의 관세음보살, 재앙을 물리치고 평안을 가져다준다는 호삼태야胡三太爺, 산육과 육아의 신인 자손낭낭子孫娘娘, 도교의 신 가운데 가장 권위가 높은 옥황대제玉皇大帝, 그다음으로 권위가 높은 삼청노조三淸老祖, 한 가정을 보호하고 감찰하며 옥황대제에게 가정의 선행과 악행을 보고하는 조왕노야灶王老爺, 토지를 관장하는 복덕정신福德正神, 각종 질병을 치료해주는 약왕藥王, 토목건축의 행업신行業神인 노반사조魯班師祖 등 18

서울 명동2가에 자리
한 거선당의 내부

가지의 각종 신을 모신 작은 사원이 설치되어 있다.

이들 신은 중국의 토테미즘, 민간신앙, 도교, 불교에서 유래된 것이다. 동남아시아와 일본은 대체로 하나의 사원에는 1~2개 종류의 신을 모시는 것이 일반적인데 이렇게 많은 신을 한 공간에 모신 경우는 매우 드물다. 하나의 사원에 여러 신을 모신 것을 '다교일묘多教一廟', '다신혼잡성', '아파트 방식의 묘우廟宇'라 부른다.

거선당이 서울 명동에 설치된 것은 1901년으로 추정된다. 거선당의 많은 편액 가운데 가장 오래된 것은 서울의 화교 신자인 장시영張時英과 류건균劉建均이 1901년 음력 9월 9일 거선당에 기증한 '행선획복行善獲福' 편액이다.

사원이 세워진 후 이를 기념하여 두 신자가 편액을 보낸 것으로 보인다. 그리고 서금명徐金鳴이 1907년 거선당에 봉헌한 '청화운룡문青花雲龍紋' 도자기 3점이 남아 있는데, 도자기에 '대한국 한성 낙동 거선당大韓國漢城駱洞 居善堂'으로 되어 있어 거선당이 낙동(현재의 명동)에 있었다는 것이 증명된다.

거선당은 청국의 주한총영사관에 거선당의 부동산 소유증명을 청구한 문서에 '남서 회현방 낙동 기와집 한 채, 이 토지와 건물이 청구자의 소유인 것을 증명함, 1908년 3월 29일'로 적혀 있다. 당시의 거선당은 명동의 기와 건축물이라는 것이 확인된다. 명동의 이 부동산은 화교 정도덕丁道德, 이보산李寶山이 거선당에 증여한 것이었다.

이 기와집 거선당은 한국전쟁 때 파괴되어 휴전이 성립된 이듬해인 1954년에 헐고 새로운 중국 전통의 사합원四合院 양식의 건물을 지었다. 이 건축물은 1982년에 헐려 현재의 건물이 들어서기까지 지속됐다. 1983년 지어진 현재의 4층 건물은 몇 번의 수리를 거쳐 지금에 이르고 있다.

'거선당'은 명칭에 나타난 대로 원래는 선당善堂으로 시작됐다. 거선당은 이주지에서 불우하게 사망한 화교의 시신을 안치하고 고향으로 보내주는 운관運棺과 고향으로 돌아갈 여비가 부족한 화교에게 금전을 제공하는 자선활동을 펼쳤다. 중국 명조 때 생긴 선당은 지역의 신상紳商 중심으로 조직됐으며, 과부나 불우한 주민을 돕는 자선단체의 역할을 했다.

그런데 선당에는 지역민이 숭상하는 신을 모시고 제사 지내는 곳이 많았다. 선당과 종교가 결합하는 배신선당拜神善堂인데 거선당도 바로 그런 선당이었다. 반면, 같은 동북아 지역에 위치한 일본화교는 관우를 모신 관제묘關帝廟와 마조를 모신 마조묘媽祖廟는 있지만 거선당과 같은 선당은 없다.

일본화교 사회에도 이주 초기 동선당同善堂이라는 선당이 요코하마에 있었다. 이 동선당은 뒤에 관제묘로 바뀌면서 선당의 명칭을 하는 것은 존재하지 않는다. 동남아화교 사회에는 아직도 선당이 존속하고 있다. 동남아시아 각지는 조산潮汕지방에서 유행한 송대봉宋大峰을 주신으로 한 배신선당이 도처에 설치되어 있다. 태국화교는 보덕선당報德善堂을 설치해 태국을 대표하는 자선단체로 발전을 이뤘다. 말레이시아에서 100개의 사원을 가진 덕교德教는 원래 선당에서 출발한 종교단체이다. 미국화교도 19세기 말 선당을 설치해 불우하게 이주지에서 사망한 화교의 시신을 고향에 보내는 활동을 전개했다.

거선당은 법사法師 혹은 영정領正으로 불리는 지도자가 제사를 지내고 조직을 관리했다. 거선당의 초대 법사로 보이는 류합영劉合榮(본명은 해정海亭)은 1869년 9월 19일생으로 1945년 5월 15일에 사망해 거선당에 위패가 모셔져 있다.

장張 법사는 1911년 6월 16일(음력)에 태어나 1968년 5월 4일(음력)에 사망했는데 그의 출신지는 하북성이었다. 이가성李可聲 법사는 1910년 2월 17일(음력)에 태어나 1978년에 사망했으며, 출신지는 산동성 문등文登현이었다. 한국화교의 출신지가 산동성과 하북성인데 법사도 이 지역 출신이었다.

거선당은 자손낭낭의 탄신일인 음력 3월 20일을 전후로 전국의 화교 다수가 모여 행사를 거행했다. 탄신일의 전날인 19일은 입산入山, 20일은 정일正日, 21일은 출산出山이라 해서 3일간 거선당 사원에서 경극 공연을 했다. 거선당이 중국 전통문화의 '살롱' 역할을 한 것이다.

또한 거선당은 참가한 화교에게 수면壽麵(장수를 의미하는 국수)을 제공했다. 이 행사는 전국의 화교가 참가하여 성황리에 개최됐기 때문에 미혼 남녀의 맞선의 장소이기도 했다. 그러나 이 행사는 1982년 사합원 건물을 철거한 후 사라졌으며, 현재는 거선당의 임원과 일부 화교가 참가해 제향제배하고 있을 뿐이다.

거선당은 1954년 사합원의 새로운 건축물 낙성 기념식 때 거선당계연주공소居善堂戒煙酒公所라는 명칭을 사용했다. 거선당의 명칭이 거선당계연주공소로 바뀐 것이다. 거선당에 보관된 깃발 가운데 한국한성시거선당계연주공소韓國漢城市居善堂戒煙酒公所도 이 명칭을 사용하고 있다. '계연주공소'는 원래 '재리교在理敎'라고 하는 민간종교에서 비롯된 것이다. 이 명칭은 1983년 행정당국에 등기할 때 '거선당계연주공소'가 한국인이 이해하기 어렵다고 해서 현재의 '거선당문화회'로 바꿨다.

인천에는 거선당과 같은 역할을 하는 의선당이 있다. 1893년경 화도진 근처에서 설립되어 활동하다 1928년경 현재의 북성동2가 9-13번지로 이전했다. 의선당이 제사 지내는 신은 관우, 마조, 호삼태야, 관세음보살 그리고 용왕이다. 앞의 네 가지 신은 거선당에 모셔진 신이지만 용왕은 의선당에만 모셔진 신이다.

그런데 거선당 건물 4층에 불교의 달마를 모신 달마불교회의 향당이 있다. 원래 이 단체의 명칭은 재가리在家裡로 비밀결사 단체인 청방淸幇이었다. 이 단체는 중앙 및 지방정부의 힘이 약해 정치·사회적으로 혼란한 중국 사회에서 상호부조를 위해 민간이 자발적으로 만든 단체였다. 재가리 회원의 선후배 관계는 부자 관계로 말해질 정도로 위계질서와 상호부조 관계가 확실했다.

일제강점기인 1934년 인천 의선당 내부에서 활동하던 인천 재가리가 내부자 고발로 경찰에 의해 강제 해산당한 후, 인천과 서울의 재가리의 명칭은 달마불교회로 바뀌게 된다. 일제 경찰은 당시 중국에서 큰 세력을 형성하고 있던 재가리를 용인하지 않았다.

서울 서소문동에 있던 달마불교회 향당鄕堂은 해방 이후 명동2가의 현 거선당으로 이전했다. 사합원 건물의 한쪽은 거선당, 한쪽은 달마불교회 향당이 각각 차지했다. 1983년 새롭게 건축된 현 건물의 4층에 달마불교회 향당이 마련됐다. 1963년 당시 한국 국내 거주 회원은 1,200여 명에 달할 정도로 상당한 세력을 형성했다.

달마불교회의 조직이 강력한 곳은 서울과 대구였다. 대구는 화교원로 연보주連寶珠를 중심으로 강력한 네트워크를 형성했다. 국백령鞠柏嶺 한성화교협회고문은 "군산에서 거주할 때 부친이 달마불교회 회원이었다"라면서 "한국전쟁 때 서울과 인천에서 피란 온 후배 회원이 찾아와 여비와 장사 밑천을 받아간 것을 봤다"라고 말했다.

국 고문은 "회원 간에는 독특한 암호가 있어 처음 만나는 사람일지라도 암호로 소통하면 무조건 도와줄 만큼 연대의식이 강했다"라고 설명했다. 달마불교회의 향당 제일 안쪽에는 '달마노조지위達磨老祖之位'로 쓰인 신위가 안치되어 있고, 그 뒤에는 달마의 초상화가 걸려 있다. 신위의 옆에는 나무방망이 하나가 걸려 있다.

이 방망이는 회원이 규칙을 어겼을 때 때리던 회초리와 같은 것이었다. 신입회원 입회 행사 때는 제자로서 지켜야 할 규칙을 말하고 이를 어겼을 때 엄격한 처벌을 받을 것을 서약했다. 싸움을 하거나 선배를 업신여기는 행동을 하면 사부로부터 엄벌을 받았다. 달마불교회는 화교 사회의 질서 유지와 상호 협력에 큰 역할을 했지만, 최근 신입 회원이 없어 활동이 많이 위축된 상태이다.

107년 역사의 화교교회

나는 2016년 8월 9일부터 11일까지 서울 은평구 불광동의 팀수양관에서 개최된 여한중화기독교연합회의 여름수양회에 참가했다. 이 캠프에는 국내 7개 화교교회의 교인 100여 명이 참가해 성황을 이루었다. 행사는 모두 중국어로 진행되었고 중국어 성경을 사용했다. 이번 캠프에 초청된 강사는 대만 대도교회大道敎會의 서영성 목사였다. 서 목사는 1959년 부산에서 태어나 부산화교중학을 졸업한 후 대만에서 신학대학을 나와 대도교회를 개척했다. 한국화교 출신 서 목사의 설교는 교인들을 감동시켰다. 참가한 화교 교인은 서로를 잘 알고 있었고 매우 친했다. 7개 교회로 구성된 여한중화기독교회연합회는 한국의 어느 기독교 교파에도 소속되어 있지 않고 독립된 교파로 활동하고 있다.

한국 화교교회의 역사는 100년을 훨씬 넘는다. 중국 선교사로 활동하던 유디스 데밍Edith M. Deming이 1912년 5월 서울 YMCA회관

여한중화기독교연합회의 2016년 여름캠프의 모습

에 공간을 마련하여 첫 화교 주일 예배를 드리게 되는데 이것이 한성 중화기독교회 107년 역사의 시작이자 한반도 화교교회의 시작이다.

유디스 데밍 선교사는 1882년 영국 침례회 소속 선교사 부부의 슬하에서 중국 절강성 금화金化(진화)에서 태어났다. 보스턴의 뉴턴신학교Newton Theological Seminary를 졸업하고 중국에서 6년간 선교사로 활동한 후, 1911년 선교사 찰스 데밍Charles S. Deming과 결혼했다. 남편을 따라 조선에 온 유디스 데밍은 화교 선교의 소명을 강하게 느끼고, 우연히 만난 화교 한의사 차도심車道心과 의기투합하여 YMCA에서 첫 예배를 드린 것이다. 1913년 4월 중국 산동장로교회의 파송을 받은 이가풍李可風 목사가 교회에 부임하였고, 그해 4월 12일 7명의 화교가 세례를 받았다.

유디스 데밍은 서울에서 만난 화교 손래장孫來章과 함께 인천 선교활동을 펼쳐 1917년 6월 1일 현재의 인천차이나타운 부근에서 첫 예배를 드렸다. 이것이 지난해 설립 100주년 행사를 치른 인천중화기독교회의 시작이었다. 비슷한 시기에 중국에서 파견된 우신민于新民 목사에 의해 원산중화기독교회가, 1923년에는 중국에서 신학교를 졸업하고 돌아온 손래장에 의해 평양중화기독교회가, 1928년에는 왕덕인王德仁에 의해 부산중화기독교회가 각각 설립되었다. 5개 중화기독교회에 출석하는 화교 교인은 150~200명으로 전체 화교 인구에서 차지하는 비중은 매우 낮았다.

각 중화기독교회는 재적 교인의 인원이 적었기 때문에 재정자립이 어려워 선교단체의 도움을 받아야 했다. 1920년까지는 장로회공의회, 감리교회공의회, 그리고 양 공의회 공동 선교회로부터 정기적인 지원을 받았다. 1921년부터는 조선에 개설된 모든 선교회 공동의 재조선개신교선교부공의회Federal Council of Protestant Evangelical Missions in Korea로부터 재정적 지원을 받았다. 유디스 데밍 선교사가 1929년 만주 선교를 떠나자 그 이후에는 캐나다인 마거릿 퀸Margaret J. Quinn(1862~1934) 선교사가 그녀의 뒤를 이어 활동했다.

그렇다고 중화기독교회의 재정이 완전히 선교단체에 의해 종속된 것은 아니었다. 한성중화기독교회의 장로인 왕공온王公溫은 1920년 복음건축창을 설립하였고 화교 건축청부회사 가운데 가장 규모가 컸다. 그는 복음건축창에서 나온 수익의 10분의 1을 헌금했다. 그는 회사 소속 직공들의 일요일 노동을 금하였고, 만약 그들이 주일에 교회에 나가면 일당을 지급했다. 1930년도의 6개 중화기독교회의 헌금수입총액은 3,480.56원인데, 그 가운데 복음건축창 혼자 낸 돈이 981.56원으로, 대략 4분의 1을 차지했다. 1931년도는 전체의 절반을 차지할 정도였다.

중일전쟁 발발 후 중화기독교회의 상황은 다른 조선의 기독교회와 마찬가지로 매우 어려운 처지에 빠졌다. 그동안 재정지원을 도맡아 해준 재조선개신교선교부공의회가 해체되어 더 이상 도움을 받을 수 없었다. 화교의 절반이 본국으로 귀국함에 따라 중화기독교회의 교인도 급감했다. 여기에다 손래장을 비롯한 중국인 목사가 거의 본국으로 귀국하면서 설교를 할 목회자도 없었다. 손래장 목사는 1939년 다시 한성중화기독교회 목사로 돌아오지만 조선총독부의

175

기독교 탄압으로 인해 교세는 위축되었고, 문을 닫은 것이나 다름없었다.

해방과 남북분단으로 북한 지역에 소재한 평양·원산중화기독교회는 문을 닫지 않을 수 없었다. 남한 지역에 소재한 한성·인천·부산중화기독교회는 곧바로 회복되지 못했다. 여기에다 한국전쟁의 발발로 남아 있던 교인이 남쪽으로 피난을 떠나 부산중화기독교회를 제외하고는 제대로 예배를 드리지 못하는 상황이 이어졌다.

휴전 후, 인천을 비롯한 3개 교회의 재건을 위해 한국의 각 교파는 1954년 중화기독교재건위원회를 조직했다. 무엇보다 화교교회의 목회자가 없었기 때문에 중국에서 신학대학을 졸업했거나 목회활동을 했던 한국인 목사가 각 교회를 돌면서 설교를 했다. 그러한 과정에서 새로운 중화기독교회가 설립되었다. 중국 대륙에서 목사로 근무하다 귀국한 홍대위 목사가 1957년 자신이 목회하는 삼덕교회에서 화교 예배를 인도하면서 대구중화기독교회가 설립되었다. 영등포화교소학은 1958년 주관준 목사가 영등포화교소학의 교실에서 화교 예배를 올린 것에서 시작되었다. 수원(1955)과 군산(1959)에도 중화기독교회가 각각 설립되어 모두 7개 교회로 늘어났다.

그리고 각 중화기독교회가 점차 안정을 되찾으면서 1960년 중화기독교한국노회를 설립했고, 인천을 비롯한 각 교회의 지도권은 한국인에게서 화교로 이양됐다. 이 노회는 1962년 대만에서 5명의 중국인 목회자를 초빙하여 인천을 비롯한 각 교회에 배치했다.

1960년대와 1970년대는 한국 중화기독교회의 전성기였다. 화교

인구가 점차 증가하고, 특히 청소년 인구의 증가가 두드러졌다. 화교 경제도 중화요리점을 중심으로 안정을 되찾았다. 이 무렵 한성중화기독교회의 교인수는 200명을 넘었고, 인천중화기독교회도 150명에 달했다. 대구중화기독교회는 100명을 넘었고, 주일학교 학생만 50명을 넘었다.

그러나 1970년대 후반에 들어 화교 인구가 감소하기 시작하면서 화교교회는 활기를 잃어가기 시작했다. 화교경제의 쇠퇴와 한국정부와 사회의 각종 차별로 대만, 미국 등지로 재이주하는 화교가 증가했다. 현재 한성중화기독교회의 주일 예배 참석 인원은 100여 명이다. 노화교만 놓고 보면 전체의 5~6할을 차지하고 그 이외는 대만, 중국대륙에서 이주한 신화교와 한국인이다.

인천중화기독교회의 주일 예배 참석 인원은 50여 명이다. 절반은 노화교, 절반은 한국인이 차지하고 있다. 지방에 위치한 대구중화기독교회는 예배 참석 인원이 10여 명에 불과하다. 노화교는 거의 70세를 넘은 노인이며, 한국인과 신화교가 일부 참석한다.

부산·군산·수원중화기독교회도 상황은 별반 다르지 않다. 7개 중화기독교회는 여한중화기독교회유지재단을 만들어 각 교회의 헌금 수입을 모두 모아 각 교회에 배분하기 때문에 지방 중화기독교회는 유지되고 있다. 각 중화기독교회는 노화교를 대체할 교인 확보를 위해 신화교 선교에 힘을 쏟고 있다. 그러나 신화교 교인은 다시 중국으로 돌아가기 때문에 교인수의 증가로 이어지지 않고 있다.

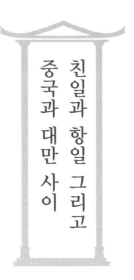

친일과 항일 그리고
중국과 대만 사이

화교는 중국과 거주국 사이에 낀 존재로 본국과 거주국의 정치적 변화에 영향을 받지 않을 수 없는 입장에 서 있다. 중국과 거주국 간의 관계가 우호적인 경우는 화교의 사회경제적 활동은 대체로 원활하게 이뤄지는 반면, 중국과 거주국 간의 관계가 충돌하거나 적국 관계가 되면 화교의 사회경제 활동은 여러 가지로 제약을 받게 된다. 한반도화교도 그 예외는 아니지만, 타 지역의 화교에 비해 보다 중층적이고 복잡한 특성을 가진다.

중화민국 시기부터 생겨난 조선화교의 민족의식

조선화교가 '중국인'이라는 정체성을 가지고 민족주의 성향을 처음으로 표출한 것은 신해혁명 성공의 결과로 탄생한 중화민국의 건국 이후이다. 중화민국은 아시아 첫 공화국의 깃발을 들고 건국했지만 재정이 매우 취약했고, 외국 차관의 도입과 공채 발행을 하지 않으면 정부를 운영할 수 없는 상태였다. 그러나 이러한 자금조달은 중화민국의 자주성을 약화시키는 것이었기 때문에 황흥黃興을 중심으로 1912년 5월부터 국민연國民捐 운동을 펼쳤다. '국민연'은 국민이 재정적으로 어려움에 처한 중화민국 정부에게 대가를 바라지 않고 기부하는 것으로 1907년 조선에서 일어난 국채보상운동과 비슷한 취지의 운동이다.

조선화교는 7월부터 서울의 주한총영사관 및 각 영사관 그리고 서울과 인천의 중화상회를 중심으로 '국민연' 운동을 펼쳤다. 7월 3일 서울에서 개최된 조선화교의 국민연 모금대회에선 즉석에서 금반지와 귀중품을 헌납하거나 총영사관의 소사가 1개월의 봉급을 의연하는 등 이날 5,800원이 모금되었다.

총영사관은 이 운동을 조선화교 전체로 확산시키기 위해 운동원을 각지에 파견했다. 인천화교 사회도 중화회관을 중심으로 이 운동에 적극 참가했다. 9월까지 모금된 금액은 1,953.5원이고 화상 33명, 화교 상점 34개, 인천영사관 관계자 10명이 모금에 참가했다.

중화민국 북경정부는 재정 확보를 위해 공채도 대량으로 발행해 각지의 화교에게 공채 구입을 독려했다. 인천화교 사회는 이러한 정

서울 명동의 국민당
한국직속지부의 건물

부의 독려에 호응하여 1915년 6월 집중적으로 공채를 매입했다. 공채 매입에는 화상 및 화교 상점 명의로 172개(명)가 참가했으며 금액은 총 7,593원에 달했다. 이러한 '국민연' 운동과 공채 구입 운동은 중화민국을 위한 애국 활동의 일환으로 이뤄진 것으로 민족의식의 표출로 볼 수 있다.

그러나 중화민국 북경정부가 군벌 간의 대립과 전쟁으로 혼란에 빠지면서 조선화교는 본국의 정치상황 개입을 자제하고 조직적으로 '국민연' 운동이나 공채 구입 운동을 벌이지는 않았다. 이러한 상황에서 장개석의 북벌 성공과 중화민국 남경국민정부가 수립되면서 상황은 완전히 반전되었다. 남경국민정부는 손문의 민족, 민권, 민생을 기본으로 한 삼민주의의 정치이념과 국민당이 중심이 되어 삼민주의를 실현하는 국가체제였다. 서양과 일본의 제국주의 국가로부터 빼앗긴 관세자주권을 회복하고 조계를 철폐하여 국권을 회복하려는 민족주의를 전면에 드러냈다.

이러한 중국 본토의 정치적 변화는 곧바로 조선화교 사회에 영향을 주었다. 먼저 조선에 국민당 조선직속지부가 설립되었다. 국민당 경성지부 성립대회가 1927년 4월 17일 고급 중화요리점인 금곡원 金谷園에서 약 300명의 화교가 참가한 가운데 성대히 개최되어 임원 14명이 선출되었다. 국민당 경성지부는 국민당 일본직속지부의 하부 조직으로 설립되었는데 일본직속지부가 1927년 4월 발생한 상해 쿠데타 문제로 분열되면서, 국민당중앙과 직접 연결되는 조선직속지부 설립을 추진했다. 이것이 실현된 것은 1929년이었으며 초대 지부장은 계달季達 주경성총영사관의 부영사가 맡았다.

국민당 조선직속지부는 경성에 지부를, 조치원·공주·광주·평양·함흥·원산·청진·대구에 각각 분부를, 그리고 전주와 수원에 통신처 通訊處를 설립했다. 국민당 조선직속지부의 역할은 삼민주의 이념을 조선화교 사회에 선전하고 이를 실천하는 데 있었다. 지부, 분부, 통신처는 매월 정기모임을 갖고 삼민주의 이념을 학습했다.

그러나 1932년 이후 국민당 조선직속지부의 활동은 제대로 이뤄지지 않았다. 1931년 이전에는 정식당원만 3,000명에 달했지만 1933년에는 767명, 1934년에는 284명으로 감소했다. 조선총독부 외사과는 1934년 조선직속지부의 활동에 대해 "지부 및 분부의 사업은 연간 수차례의 집회를 개최하고 남경정부로부터 지령 기타 주의 등을 알리는 정도"라고 평가했다. 그 이유는 조선총독부의 철저한 감시와 통제에 그 원인이 있었지만, 1931년 화교배척사건 이후 핵심 당원이 본국으로 귀국한 영향이 컸다. 중일전쟁 이후 조선직속지부의 활동은 완전히 중단되었다.

경성총영사관 국기 교체사건

서울 명동의 중국대사관의 정원에는 국기 오성홍기가 펄럭이고
있다. 청국이 1883년 이곳에 한성상무공서를 설립한 후에는 청국의
국기인 황룡기가 게양되었다. 1912년 1월 중화민국이 수립된 후는
오색기가 게양되었으며, 남경국민정부 수립 후인 1928년 6월에는
청천백일기가 게양되었다. 그런데 중일전쟁 발발 후인 1937년 12월
28일 청천백일기는 친일 중화민국임시정부의 오색기로 교체되었다.
당시 경성총영사관은 아직 장개석 국민정부의 관리하에 있었고 정
식으로 폐쇄되지 않은 때에 오색기가 게양된 것은 비정상적인 것이

황룡기(청국)

오색기(중화민국 북경정부 및 임시정부)

청국 및 중화민국
각 정부의 국기

청천백일기(장개석 남경국민정부)

청천백일기(왕정위 남경국민정부)

었다.

이 국기 교체의 배후에는 범한생范漢生 경성총영사의 '친일' 행위가 있었다. 범 총영사는 친일 중화민국임시정부가 수립된 직후인 12월 17일 '친일방공의 큰 사명 달성'의 명분으로 임시정부 참가를 공식 선언했다. 장개석 국민정부가 공산당과 연합하여 국공합작을 달성하고 일본과 전쟁을 치르는 것에 반대한다는 명분이었다. 조선의 각 영사관은 대혼란에 빠졌고, 본국 정부는 진조간陳祖偘 부산영사를 총영사 대리로 임명하여 사태를 수습하려 했지만, 조선총독부의 방해로 착임하지 못했다. 범 총영사는 12월 18일 서울역을 출발해 북평과 천진을 방문하고 임시정부 행정위원장인 왕극민王克敏, 일본의 지나방면군사령관 데라우치 히사이치寺內壽一를 만났다. 막후의 실력자인 데라우치 사령관은 범 총영사에게 조선화교를 임시정부에 참가시킬 것을 종용하고 그것을 실현하면 임시정부의 총영사로 임명할 것이라는 언질을 받아냈다.

12월 27일 경성에 돌아온 범 총영사는 그 첫 조치로 경성총영사관에 임시정부의 국기인 오색기를 게양하려는 공작을 폈다. 그러나 총영사관 관원은 "일본정부도 아직 승인하지 않은 오색기를 게양하는 것은 불가하다. 우리들은 중국인으로 괴뢰가 된 사람의 노예가 될 수 없다"라며 완강히 버텨 27일에는 뜻을 이루지 못했다.

범 총영사는 28일 오후 1시 20분 조선군헌병대사령부와 경찰의 지원을 받으면서 관원의 저지를 무력으로 진압하고 청천백일기를 오색기로 바꿔 게양했다. 헌병 30여 명은 완강히 저항하던 관원과 교원 6명을 체포했고, 이들은 헌병대사령부로 압송되어 구금되었다. 이들은 마영발馬永發 원산영사와 정유분鄭維芬 경성중화상회 서기의 갖은 노력으로 31일에서야 풀려났다.

범 총영사는 이 사건을 성공시킨 후 각 영사관에 연락하여 즉각 오색기를 게양할 것을 지시했다. 범 총영사의 측근인 진남포판사처의 장의신張義信 주사는 이미 20일 오색기를 게양했고, 관원이 오색기 게양을 완강히 저항하던 영사관에는 그의 측근을 파견하여 공작을 폈다. 그 결과 인천판사처는 12월 29일, 원산영사관과 부산영사관은 1938년 1월 1일, 신의주영사관은 1월 4일 오색기 게양을 끝냈다. 범 총영사의 임시정부 참가와 오색기 게양을 반대한 영사관원은 모두 본국으로 귀국했고, 이 시점에서 조선의 영사관원은 완전히 임시정부의 공관으로 바뀌었다. 새롭게 임명된 영사는 대체로 범 총영사의 측근이거나 전향한 관원이었다.

장개석 국민정부의 주일 공사관과 영사관은 1938년 1월 말에서 2월 초에 폐쇄되었고, 모든 관원은 본국으로 귀국했다. 그리고 임시정부의 외교공관이 일본에 개설된 것은 1938년 3월부터 1939년 4월에 걸쳐 점차 이뤄졌다. 이러한 경위를 보면 조선의 각 영사관이 1938년 1월 4일 시점에서 임시정부의 관할하에 들어간 것은 매우 이례적이라 할 수 있다. 그것은 범 총영사의 '친일' 행각과 직접적인 관련이 있었다.

범한생 총영사의 '친일' 활동

범 총영사는 경성총영사관에 오색기 게양을 성공시킨 직후, 조선화교 사회의 중심인 경성중화상회와 인천화상상회에 임시정부 참가를 지시했다. 양 단체가 참가를 주저하자 경찰 당국이 압박을 가했다. 경성중화상회와 인천화상상회는 각각 12월 28일 임시정부 참가를 공식 발표하고 임시정부와 조선총독부에 그러한 뜻을 담은 전보를 보냈다. 양 중화상회의 임시정부 참가 선언이 발표되자 전국의 각 중화상회는 연이어 임시정부 참가를 선언하고, 1월초에는 도시의 중화상회, 1월말에는 농촌의 중화상회도 임시정부 참가를 완료했다. 이 과정에서 경찰 당국은 임시정부 참가를 주저하는 단체에게 "용공용소容共容蘇 정권의 앞잡이로 망동하고 있는 자"로 단속을 한다고 위협을 가했다.

각 중화상회의 임시정부 참가가 일단락되자, 범 총영사는 2월 3일 전국의 주요 중화상회 대표를 소집해 화교단체자대표회의를 개최하고, 여선중화상회연합회旅鮮中華商會聯合會를 조직했다. 그동안 조선화교 사회를 총괄하는 연합단체가 존재하지 않았는데 처음으로 조직된 것이다. 이 연합회의 장정 제4조 9항에 "총영사관 및 총독부의 중요 훈령을 전달하는 것"을 주요 업무의 하나로 기재한 것에서 이 연합회의 성격을 알 수 있다.

범 총영사는 1940년 3월 30일 왕정위 정권 성립 기념행사를 개최했다. 경성총영사관에서 개최된 이날 행사에서 임시정부의 오색기를 하강하고, 왕정위 남경국민정부의 청천백일기에 '화평반공건국'

의 글자를 넣은 새로운 국기를 게양했다.

　이 행사장에서 범 총영사는 미나미 지로南次郎 총독과 나카무라
고타로中村孝太郎 조선군사령관을 앞에 두고, "용공항일의 요상한 구
름을 걷어내고 동양 영원의 화평 확보에 황군이 쏟은 막대한 희생에
대해 심심한 사의를 표합니다"라고 일본을 추켜세우고, 왕정위 정권
수립에 힘써준 일본에 감사의 인사를 했다. 범 총영사를 대신하여 양
소학楊嘯鶴 부영사가 이날 한성화교소학 학생을 인솔하고 용산육군
병원의 상이장병을 위문했다. 1938년 7월 7일에는 노구교사건 1주
년을 맞아 범 총영사의 부인과 경성의 8개 화교 사회단체 대표가 트
럭 2대에 위문주머니를 가득 싣고 헌병사령부 애국지부에 증정했다.

　한국화교는 범 총영사 주도로 이루어진 경성중화상회 부지 환지
사건을 아직도 잊지 않고 있다. 현재의 중국대사관 정문 왼쪽에 위치
한 서울중앙우체국 부지의 일부는 원래 경성중화상회의 건물이 들

어서 있었다. 당시 경성중앙우편국 및 전신국의 업무 격증으로 기존의 청사로는 업무를 담당할 수 없게 되자 청사를 증축할 필요가 있었다. 조선총독부는 우편국의 바로 옆 부지에 중화상회가 자리했기 때문에 해당 3개 필지 371.1평을 매수할 것을 결정했다. 중화상회 부지는 총영사관이 영구 무상 대여한 것이기 때문에 총영사가 마음대로 처분할 수 없었다.

그러나 조선총독부가 절대적인 권력을 행사하는 때이고 친일파인 범 총영사도 적극 협조했기 때문에 1940년 11월 중화상회 소유 토지 371.1평과 수표정 43번지의 241평의 환지가 이뤄졌다. 조선총독부는 환지 당시의 시가 차액인 1만 9,750원을 총영사관에 교부하고 수표정에 4만 원을 들여 새로운 중화상회 건물을 지어 증여했다. 당시 이 환지 안건을 성사시키기 위해 조선총독부가 적극적으로 개입한 정황이 드러난 것을 보면 범 총영사이기 때문에 가능했던 것 같다.

범 총영사는 1941년 12월 고베총영사로 전근하고, 그곳에서 건강상의 이유로 1943년 4월 퇴임했다. 퇴임 직후인 6월 말 일본정부로부터 훈3등서보장의 훈장을 받았다. 서보장瑞寶章은 일본의 훈장 가운데 욱일장, 보관장 다음의 위치를 차지하는 훈장이다. 주로 공무원으로서 공무 또는 공공적인 업무에서 장기간에 걸쳐 공로를 쌓은 인물에게 수여하는 것이 보통인데, 외국인 외교관이 수상하는 것은 이례적인 일이다. 그의 '친일' 활동이 높게 평가받은 것을 알 수 있다. 한편, 장개석 국민정부는 그를 '중화민족 최대의 한간漢奸*'으로 불렀다.

격렬하게 펼쳐진 조선화교의 항일활동

조선화교는 중일전쟁 기간 각종 정치행사, 국방헌금, 위문금, 비행기 헌납운동 등의 '친일' 활동에 동원되었다. 그렇다고 화교가 진정으로 '친일'적인 성향을 가지고 있었다고는 보기는 어렵다. 조선총독부의 강권 통치와 통제경제하에서 당국의 정책에 어느 정도 참가하지 않으면 생계를 유지하기 어려운 사정이 있었기 때문에 형식적으로 동조한 측면이 있었다. 조선화교의 활발한 항일활동은 조선화교의 본심이 어떠했는지 드러내주는 또 다른 측면이다.

중일전쟁 초기 조선화교의 항일활동은 저조했다. 그러나 1940년대에 접어들면 양상이 달라진다. 조선총독부 치안당국에 검거된 시국사범 가운데 화교의 인원은 1941년 6명(이 중 2명은 중국 공산당 팔로군 관계), 1942년 26명(23명), 1943년 43명(42명), 1944년 1~9월 61명(1~5월 중국 공산당 팔로군 관계 25명)이었다. 이로 볼 때 화교의 항일활동은 1942년 이후 급격히 증가하는 추세를 보이고 중국 공산당 팔로군八路軍** 이 관계하는 시국 사건이 대부분을 차지했다.

가장 대표적인 항일활동은 일동회日東會사건이다. 일동회는 1940년 2월 중국 공산당 팔로군 유격대 소속 장세원張世元이 인천부에 거주하는 산동성 출신자 21명과 함께 조직한 항일단체였다. 일동회는

---

*   중국에서 외국 침략자와 내통하거나 부일·협력한 사람을 이르는 말.

** 1937~1945년에 일본군과 싸운 중국 공산당의 주력부대 가운데 하나. 정식명칭은 '국민혁명군 제8로군'이다. 적극적인 항일전과 민심도모로 중일전쟁 기간 동안 중국 공산당의 성장에 크게 기여했다.

화교가 항일활동을
하다가 고문에 의해
사망한 서대문형무소

1940년 2월 22일부터 1943년 4월 24일까지 약 3년 동안 방화 12건, 군의 첩보 제보 2건을 감행했다. 일동회의 방화로 초래된 재산손해는 약 68만 원, 사망자는 2명이었다. 1943년 12월까지 체포된 15명 가운데 9명은 외환外患, 방화, 군기보호법위반, 국방보안법위반의 죄로 경성지방법원에서 재판을 받았다.

그런데 피고 사항락史恒樂, 왕지신王志信, 방숭학方崇學, 오진매吳振梅는 공소가 기각되었는데 그 이유는 이들이 형무소에서 사망했기 때문이다. 일동회사건의 주동자인 사항락은 1944년 2월 20일 수감 중이던 경성의 서대문형무소에서 사망했다. 왕지신은 1944년 1월 8일, 방숭학은 1월 12일, 오진매는 같은 서대문형무소에서 각각 사망했다. 이들 4명이 같은 형무소에서 비슷한 시기에 사망한 것은 가혹한 고문에 의한 사망으로 추정할 수밖에 없다. 서대문형무소는 조선의 많은 독립운동가가 고문을 이기지 못해 옥사한 것으로 알려져 있지만 이 형무소에서 이렇게 외국인인 4명의 화교가 항일활동을 하다가 고문으로 인해 옥사한 것은 새로운 사실이다.

그리고 청진부를 중심으로 활동한 자기단自己團은 1938년 7월에 조직된 이후, 군사정보, 주요 시설 방화, 그리고 철도 파괴를 감행했다. 자기단은 청진항, 나진항, 부산항에 상륙하는 육군부대의 수송 상황, 비행장 등을 촬영한 군사정보 15건을 화북의 중국 공산당 팔로군에 제보했다. 주요 시설의 방화는 총 15건으로 청진 대동백화점 전소, 청진 및 나남의 공장, 창고, 공설시장 등이었다. 예심에 회부된 15명 가운데 1명은 공소가 기각되었는데 옥사한 것으로 추정된다. 평양 거주 화교를 중심으로 1940년 12월 결성된 중국청년단中國靑年團의 8명은 평양을 중심으로 경제 및 기타 정보와 군사상의 비밀을 탐지하다 발각되었다.

이 외에도 1943년과 1944년에 신의주, 함흥, 청진, 해주, 대전, 경성, 부산, 대구, 전주 등지에서 군사정보 탐지 및 제보 등으로 체포된 35명의 항일활동은 조선총독부 고등검찰검사국의 자료에 상세히 파악되어 있다.

이처럼 중일전쟁 후반기에 들어 화교의 항일활동이 보다 조직적이고 광범위하게 펼쳐짐에 따라 조선총독부의 화교에 대한 인식에도 변화가 생겼다. 즉, "중국인은 표면상 친일적 태도를 보이지만 내면 깊숙이 항일적 민족감정을 견지하고 있다. 장개석을 조국의 영웅으로 볼 뿐 아니라, 특히 조선 거주 중국인의 9할은 산동성 출신자로 대체로 팔로군 점령지대의 거주자인 관계상 중국 거주 가족의 생명과 재산은 그들의 수중에 있기 때문에, 일시 귀국자 또는 이전 조선 거주 중국인을 협박 혹은 회유하여 첩보모략의 지령을 부여하고 파

견했다. 혹은 조선으로 돌려보내 우리 군의 정보 및 기타 각 정보를
첩보·제보하게 하고 있다".

　이전 조선총독부는 조선화교에 대해 "그들의 대부분은 하등의 학
식을 지니지 못한 농민, 상인 그리고 기타 어떤 업業도 없이 다만 돈
버는 데 급급한 사람"이라고 인식한 것에서 화교의 활발한 항일활동
으로 인해 바뀐 것으로 판단할 수 있다.

국민당과 공산당, 중국과 대만 사이에서

　1945년 8월 15일 조선은 해방되었다. 하지만 미국과 소련이 인
위적으로 그은 38도선으로 한반도는 미국과 소련의 대립 및 남북 대
립의 구도가 명확해졌다. 여기에 중국 대륙은 국민당과 공산당 군대
간의 내전의 소용돌이에 빠졌다. 남북한의 화교는 어느 쪽의 편에 설
지 선택의 갈림길에 섰다. 한국화교는 미국 점령 지역에 거주한 이상
한국과 동맹관계에 있던 중화민국(대만) 및 국민당, 북한화교는 소련
점령 지역에 거주한 이상 중국 공산당의 편에 서야 했다. 그러나 현
실은 칼로 수박 자르듯 간단히 구분할 수 있는 문제가 아니었다.

　한국화교의 경우, 당시 중국 대륙을 통치하던 중화민국(대만)과
해방 이전부터 알고 있던 국민당을 선택하기 쉬웠다. 반면, 북한화
교는 해방 초기 정식 정부를 가지지 못한 중국 공산당을 지지하기는
쉽지 않았다. 북한화교 가운데 중국 공산당의 실체를 정확히 파악하
고 지지하는 자는 소수에 불과했고 국민당을 지지하는 자가 훨씬 많

았다.

　중국 공산당과 북한 노동당에 반대하는 화교 50명과 북한 사람 520명은 1949년 4월 '한중반공애국청년단'을 조직하여 반공 게릴라 활동을 펼쳤다. 이 청년단에 참가한 화교는 1950년 한국전쟁 직전 200명으로 증가하고, 북한사람은 800명으로 늘어났다. 북한의 토지개혁으로 토지를 몰수당한 화교 지주, 각종 사회주의 정책으로 영업을 제대로 할 수 없게 된 화상은 한국으로 상당수 이주했다. 중국 공산당이 평양에 설치한 주조선판사처는 이러한 반공산당, 친국민당 성향의 화교 문제로 골머리를 앓았다.

　한국전쟁은 남북한 화교 모두에게도 비극이었다. 평양의 화교연합총회는 북한군 점령지에 화교 스파이를 파견하여 서울과 인천화교의 포섭 공작을 펼쳤으며, 양 지역에 친중국 공산당계의 화교연합회를 설치했다. 1950년 9월 인천상륙작전의 성공으로 북한화교 공작원은 북한으로 모두 도망갔지만, 양 지역 화교 사회는 '친북' 부역 문제로 후유증이 상당했다. 대만대사관이 북한화교 공작원의 활동에 동조한 화교를 색출하여 처벌하려 했기 때문이다.

　군인으로서 한국전쟁에 참전한 한국화교도 적지 않았다. 한국 육군 제4863부대 소속 S·C지대Seoul Chinese支隊는 200여 명의 화교 청년으로 구성된 정보부대였다. 이 부대는 1951년 결성되어 1953년 휴전 때까지 활동했다. 이 지대는 중국인민지원군의 참전 이후 지원군의 정보 획득 필요성에서 설치된 부대로 북파 공작원으로 활발한 첩보활동을 펼쳤다. 첩보활동 중 사망하거나 행방불명된 화교는 40

여 명에 달했다. 생존한 화교 참전용사는 여한화교참전동지승계회旅韓華僑參戰同志承啓會를 결성하여 활동했다. 이 승계회와 한성화교협회, 대북대표부, 국민당은 매년 현충일 서울 국립현충원에 안장된 강혜림姜惠霖, 위서방魏緒舫 참전 용사를 참배한다.

　한국과 대만은 양국 모두 반공을 국시로 맺어진 우방 관계였기 때문에 한국화교는 국민당과 중화민국(대만)을 적극 지지했다. 중일전쟁 직후 폐쇄된 국민당 조선직속지부는 1951년 12월 23일 한국직속지부로 다시 설치되었다. 국민당 한국직속지부의 설치 목적은 한국화교를 '반국구국' 활동에 참가시키는 데 있었다. 5.16 군사쿠데타 이후 한국에서는 외국 정당의 활동이 금지되었기 때문에 국민당 한국직속지부는 '교민복무위원회'의 명칭으로 활동했으며, 지금도 서울 명동에 위원회의 건물이 남아 있다.

　한국과 대만의 '반공'을 국시로 한 우호관계는 1992년 한중 수교로 종말을 고한다. 8월 24일 대사관 정원에서 거행된 청천백일기 국

서울 명동의 주한중국
대사관

기 하강식 때 많은 화교가 눈물을 흘렸다. 오랜 우방이자 거주국 한국과 한국인에 대한 서운함, 그리고 그동안 적대시해온 중화인민공화국과 중국 공산당에 대한 불신감이 그 눈물에 담겨 있었다.

이런 가운데 대만을 장기간 통치해온 국민당 정권이 2000년 민진당 정권으로 교체됨으로써 한국화교는 더욱 혼란에 빠졌다. 한국화교는 대부분 중국 대륙 출신이면서 대만 국적을 보유하고 있다. 대만은 '상상 속의 모국'에 불과하다. 국민당은 중국과 대만의 통일 그리고 화교를 중시하는 정책을 폈지만, 민진당은 대만 독립을 주장하고 상대적으로 화교를 경시하는 경향이 있다. 한국화교는 '상상 속의 모국' 대만에 대해 심정적으로 자꾸만 멀어지고 있다. 그렇다고 곧바로 대만 국적을 포기하고 중국 국적을 취득하지는 못하고 있다. 중국 국적을 취득하면, 해외여행과 유학을 하는 데 불편함이 있다는 현실적인 문제도 있지만, 화교학교에서 철저한 반공교육을 받았고 대만 정부로부터 적지 않은 도움을 받은 화교 기성세대가 심정적으로 중국을 받아들이지 못하는 부분도 있다. 한국의 노화교 사회는 중국과 대만 사이에서 힘겨운 외줄 타기를 하고 있는 것이다.

화교배척사건과 차별의 역사

세계 화교 가운데 한반도화교처럼 거주국에서 뿌리를 내리지 못한 화교도 드물다. 노화
교만 놓고 보면 남북한 화교의 인구는 2만 3,000여 명에 불과하다. 한국 노화교의 경제
력은 '차이나타운 없는 나라'로 야유당할 정도로 취약하고, 북한화교는 한국화교에 비해
더욱 열악하다. 1930년까지만 해도 조선화교의 경제력은 일본인과 조선인을 압박할 정도
로 큰 세력을 형성했는데 어떻게 해서 이렇게 추락한 것일까?

두 차례의 화교배척사건

2017년 5월 27일 토요일 오후 익산시 인화동의 한복거리를 찾았다. 주단포목상점의 간판은 여기저기 보였지만, 길 가는 사람도 거의 보이지 않는 한적한 거리였다. 익산(이리)화교협회는 문이 닫힌 채 직원도 없었고, 바로 옆의 익산(이리)화교소학은 폐교된 지 오래였다. 그러나 이 인화동 일대는 일제강점기와 1960년대까지만 해도 화교가 많이 거주하면서 상점과 중화요리점을 경영하는 작은 차이나타운을 형성했다. 그런데 90년 전 바로 이곳이 1927년 화교배척사건의 시발점이 된 것을 기억하는 사람은 없다.

1927년 12월 7일 이리에서 만주 거주 조선인에 대한 중국 관헌의 탄압에 항의하는 집회가 개최되었다. 집회 참가자 가운데 200명은 이날 저녁 화교 상점으로 몰려가 문과 창문을 타격하고 폐점과 퇴

1927년 화교배척사건의 시발점이
된 익산시(이리)의 한복거리

거를 강요했다. 각 화교 상점은 문을 잠그고 밖으로 나가지 않았기 때문에 중상을 입은 화교는 없었지만, 교외에서 채소를 재배하는 화농은 구타를 당했다. 경찰은 8일 군중을 진압하기 시작했고, 주동자 4명을 검속하자 이리 시내는 평온을 되찾았다. 하지만 화교습격은 인근 전주, 군산으로 확산되었다. 전주에서는 군중 800명이 철도국에 고용된 화공 200명을 습격하여 사망 2명, 중상 7명, 경상 10여 명이 발생했다.

화교습격은 9일 전북에 이웃한 전남과 충남으로 확산되었고, 12일에는 충북·황해·평남·경북, 14일에는 서울과 인천에도 발생했다. 전라도, 충청도 그리고 인천 부근의 화교는 인천 지나정으로 피난했고, 인천 화상상회는 이들을 각 주단포목상점과 잡화상점에 수용했다. 지나정은 화교의 집단거주지이고 군중의 습격으로부터 상대적으로 안전한 곳이었기 때문에 각지에서 피난민이 몰려든 것이다. 피난민의 인원은 약 500여 명에 달했다. 인천은 전국에서 화교의 피해가 가장 심한 지역으로 전국 인적 피해 총인원의 3할, 물적 피해 총액의 약 6할을 차지했다.

그런데 이러한 참사는 1931년에 재발했는데 사건의 규모는 1927년 사건에 비교할 수 없을 정도로 컸다. 《조선일보》가 1931년 7월 2일 오후 중국 길림성 장춘 만보산 근처에서 조선인 농민이 벼농사를 짓기 위해 수로 공사를 하는 과정에서 중국 관헌과 충돌해 조선인 농민이 다수 살상되었다는 호외 신문을 발행했다. 이른바 만보산사건萬寶山事件*의 발발이다. 김이삼《조선일보》장춘특파원이 직접 사실을 확인하지 않고 주장춘일본영사관으로부터 전해 들은 정보로 기사를 쓴 오보였다. 이 호외 기사가 발행된 직후 인천, 서울에서 화교습격사건이 잇따라 일어났다. 3일 오전 1시 10분 인천부 용강정(인현동)의 중화요리점이 조선인 5명에게 습격을 받았다. 이어 오전 2시경에는 율목리(율목동), 중정(관동), 외리(경동)의 화교 중화요리점 및 이발소가 습격을 당했다. 오후 3시에는 경성부 광화문외에서 화교 2명이 구타를 당했다.

3일 오후가 되자 인천의 화교습격사건은 보다 확대된다. 오후 9시 45분 약 5,000명의 군중이 지나정을 습격하려 했고, 경찰에 의해 뜻을 이루지 못하자 군중은 화정(신흥동) 부근의 화교 가옥에 투석했다. 내리(내동)의 중화요리점인 평양관 부근에서는 수천 명의 군중이 화교 가옥에 투석하는 등 폭력을 휘둘러 경계 중인 경찰관 1명과 기마 1마리가 부상당했다.

화교습격은 요원의 불길처럼 전국으로 퍼져나갔다. 1927년 화교 배척사건은 전라도·충청도·경기도에 한정되었지만, 이번 사건은 북부 지역까지 확산된 전국적인 규모로 발생했다. 이번 사건 최대의 피해지는 평양이었다. 조선총독부 경무국은 평양사건을 다음과 같이 보고했다.

"오후 9시 30분경 신창리新倉里 방면에서 약 200여 명의 군중이 이에

합세하여 그 인원은 3,000 수백 명에 달했다. 그들은 지나인 민가를 습격하고, 투석, 구타, 폭행을 했다. 더욱이 상수구리上水口里 300명, 장별리將別里 200명, 신양리新陽里 5,000명의 군중이 폭동화하기에 이르렀다. 점차 신시가(일본인거주지)로 이동이 확대됐다. 오후 10시경에는 수정壽町·공설시장 부근에 약 300명, 암정巖町형무소 부근에 약 500명, 교구정橋口町, 대화정大和町 방문에도 수백 명의 조선인이 무리를 지어 점차 전 시내의 모든 곳에 걸쳐 이동했다. 그들은 함께 지나인 가옥에 집단 쇄도하여 기물, 상품을 파손하고 손에 잡히는 대로 지나인에게 구타 폭력을 행사했다. 거의 흉폭凶暴의 극치를 이뤄 결국 왼쪽과 같은 피해를 보기에 이르렀다. 경찰관 역시 50명이 부상당했다. 그러나 6일 오전 2시경에 이르러 점차 해산했다."

조선총독부 경무국이 1932년 6월 집계한 1931년 화교배척사건의 피해상황은 1927년 사건과 비교가 되지 않을 정도로 심각했다. 전국의 화교 사망자는 119명에 달했는데 이 가운데 평양부가 96명으로 압도적으로 많았다. 중상자 45명 가운데 33, 경상자 150명 가운데 63명이 평양부에서 발생했다. 그리고 폭행협박 565건, 방화 104건, 투석기물파손 849건, 호떡비 미지불 도망 22건, 채소약탈 도둑 23건이었다. 중국정부가 발표한 피해상황은 조선총독부 경무국 발표보다 훨씬 많았다. 사망자 142명, 중상자 120명, 경상자 426명, 재산손실액 416만 원으로 보고했다. 1931년 화교배척사건을 조사한 국제연맹의 리턴보고서는 사망자 127명, 부상자 392명, 재산손실액 250만 원으로 발표했다. 나중에 조선총독부는 비공식적으로

200명이 사망한 것으로 파악했다.

평양사건의 피해가 큰 이유

다른 지역에 비해 평양에 이렇게 큰 피해가 발생한 원인은 어디
에 있었을까? 평양은 인천과 같은 화교의 집단거주지가 없었고 화교
는 구시가에서 조선인과 잡거하며 상점을 경영하고 있었다. 인천 지
나정처럼 차이나타운의 입구를 막으면 방비하기가 쉬웠겠지만, 평양
은 잡거 상태로 방비가 곤란했다. 따라서 경찰은 화교를 미리 안전한
장소로 피신을 시킬 필요가 있었다. 그러나 평안남도의 치안 관계자
는 특단의 대책을 세우지 않은 채 안이한 대응으로 일관했다. 조선총
독부 통역관인 다나카 도쿠타로田中德太郎가 전임 총독 사이토 마코
토齋藤實에 보낸 극비 서간은 매우 충격적인 것이었다.

"지난달 초순 인천 및 평양에서 발생한 지나인 학살사건은 정말로 유감
입니다. ……이미 잘 알고 계시리라 사료됩니다. 평양부내만 사망자 90
여 명……여기에 부외를 포함시키면 100 수십 명이 됩니다. 왜 이와 같
은 실태失態를 초래했는지 우리들 견해는 일치합니다. 도道 경찰부의 처
치가 합당하지 못했습니다. 또한 (주: 7월 5일) 밤 요정 다마야玉屋에서
골프회의 연회를 개최했고, 지사·내무·경찰의 부장이 출석한 연회를
열고 있었습니다. 이때 조선인 유지와 지나인이 빈번히 위협을 호소하
고 보호를 간청했지만 염려할 필요가 없으니 너희들은 괜찮다고 말하
며 상대해주지 않았습니다. 그래서 살인 행위가 시작된 지 2시간째에 경

찰관이 무장하고, 3시간째에 서장이 출동하고, 4시간째에 경찰과부장이 출동했습니다. 게다가 그날 밤은 나카노中野 동척東拓 이사의 연회도 있어, 여기에 합류하기 위해 지사와 내무부장은 기생藝者을 자동차에 가득 태우고 조선인이 운집하고 있는 곳을 통과하여 요정 시치호시야七星屋에 도착했습니다. 이와 같은 만사안일 때문에 그날 밤의 참상을 알지도 못했습니다."

즉, 평양의 치안을 책임지고 있던 소노다 히로시園田寬 평안남도 지사, 야스나가 노보루安永登 평안남도 경찰부장, 후지와라 기조藤原喜藏 평안남도 내부부장이 5일 밤 대폭동이 일어나고 있던 바로 그 시간에 연회에 참석하고 있었고, 지사와 내무부장은 요정에서 유흥을 즐기고 있었던 것이다.

이 사건이 발발한 당시 공교롭게도 조선총독부의 총독, 정무총

1931년 평양사건 직
후의 평양 시내 모습
ⓒ 일본 위키피디아

감, 경무국장은 경질되어 아직 신임이 착임하지 않은 상태였다. 당시 치안을 책임지고 있던 다나카 다케오田中武雄 경무국 보안과장은 1959년 이 사건에 대해, "사실 나는 (주: 만주에서 중국인 관헌과 민간인이) 저 정도로 조선인을 괴롭히기 때문에 지나인도 조금 당해도 이것 자업자득이 아닌가 하는 것과 같이 공공연하게 말하지는 못하지만, 약간 단속의 손을 완화했던 것입니다"라고 책임을 인정했다.

또한 우가키 가즈시게宇垣一成 신임 총독은 1931년 9월 7일자 일기에서 "평양사건은 정말로 유감스러운 일이었다. 이런저런 면에서 조선인의 기백氣魄이 아직 존재하고 있다는 것을 보여준 것으로, 유연하게 흐르고 있던 내지인內地人(일본인)에게도 상당의 경계를 부여했다. 또 지나인의 조선 진출까지도 어느 정도까지 저지할 수 있었다"라며 평양 조선인의 화교습격사건을 긍정적으로 받아들이는 것처럼 비치는 인식을 드러냈다. 이처럼 이 사건은 조선총독부 및 평안남도 치안 책임자의 반의도적인 사보타주sabotage(태업)가 사건을 확대한 면이 크다는 것을 지적하지 않을 수 없다.

그러나 일본정부 및 조선총독부는 이 사건을 둘러싼 중국과의 교섭에서 책임을 인정하려 하지 않았다. 중국정부가 책임자 처벌과 희생자에 대한 배상금을 요구했다. 하지만 조선총독부는 화교의 보호에 전력을 다했기 때문에 책임은 없다고 하며, 희생자에 대해서는 구휼금을 지급하여 사태를 마무리 지으려 했다. 평양사건은 책임자가 명백히 밝혀졌는데도 불구하고 한 명도 제대로 처벌받지 않았다.

최종적으로 화교 200여 명이 사망한 이 사건은 만주 거주 조선인에 대한 중국 당국의 탄압의 오보가 도화선이 되었고, 조선총독부의 의도적인 사보타주가 사건을 확대시킨 것은 분명하다. 이러한 요인은 사건의 근인近因일 수 있지만 사건의 배경에 있는 원인遠因은 아니다. 조선인의 화교습격은 무자비한 폭행을 동반했다. 그렇다면 조선인의 화교에 대한 분노는 과연 어디서부터 온 것일까?

먼저 조선인의 화교에 대한 평소 감정이 좋지 않았다는 점을 들수 있다. 화교는 노동자로서 농민으로서 상인으로서 조선에서 상당한 경제적 세력을 형성하고 있었다. 특히, 화공은 싼 임금에 일을 성실히 잘했기 때문에 조선인 노동자를 노동시장에서 몰아내고 있었다. 조선총독부는 화공의 입국을 만주 이주 조선인 문제와 관련하여 제한하지 않았기 때문에 이 문제는 더욱 심각한 양상을 드러냈다. 1931년 화교배척사건 발발 이전 조선인 노동자와 화공 간의 마찰 및 충돌은 위험 수위를 넘고 있었다.

이러한 양 민족 간 갈등을 풀기 위한 상호 소통의 공간도 없었다. 당시 화교는 중국어만 사용하고 조선어는 배우려 하지 않았다. 경제적 거래는 일본어로 했기 때문에 조선어의 필요성을 느끼지 못했던 것이다. 화교학교에서도 정식 과목으로 조선어를 가르치지 않았고 과외활동으로서 조선어를 배우는 정도였다. 양 민족 간의 감정의 골은 깊어지고 있는데 상호 소통의 통로가 없었던 것이다.

이 사건 직전 조선의 경제는 1929년 세계대공황의 영향으로 매우 심각한 상황이었다. 평양사건 직전인 1931년 6월 불경기로 실직한 노동자의 인원은 일본인 14명, 화교 11명인 데 비해 조선인은

1,989명에 달했으며 특히 10대와 20대의 실업자가 많았다. 평양사건으로 유죄확정을 받은 450명 가운데 20대, 10대, 30대 순으로 많았으며 전체 연령의 9할을 차지했다. 직업은 노동자가 전체의 67.8퍼센트, 무직이 10.7퍼센트로 전체의 약 8할을 차지했다. 이러한 사실에서 조선인의 경제적 궁핍이 이 사건과 연관되어 있다고 할 수 있다.

조선인은 일제에 의해 정치적으로 억압을 받고 있었고 경제적으로 어려움에 처해 있었지만 이러한 문제 해결을 호소할 수 있는 정치적 기관이 없었다. 해방의 탈출구가 없는 절망의 상태가 지속되고 있었던 것이다.

그렇다고 화교를 비참하게 죽인 것이 용서받을 수는 없다. 일제가 양 민족 간 간격을 벌리려는 이간책을 조선인 지식인 사회가 간파하고 화교와 친선을 도모하려는 노력이 필요하지 않았을까.

임경우林耕宇 경성총영사는 1942년 오무장공사에 1931년 화교배척사건으로 희생된 화교를 기리는 위판位版을 추가로 조성하여 후대에 전하려 했다. 북한화교는 평양사건으로 희생된 묘역을 '만인갱萬人坑'이라 불렀다. 1만 명이 묻힌 굴이라는 뜻이다. 중국인민지원군이 한국전쟁 참전 때 중국에서 가지고 온 대리석으로 묘역을 정비했지만, 지원군이 철수한 직후인 1959년 북한 당국이 대리석 등을 모두 부숴버려 지금은 흔적도 남아 있지 않다.

한국화교에 대한 차별

나는 2명의 공동연구자와 함께 2006년 한국사회의 화교에 대한 차별문제를 조사한 적이 있다. 한국 국내와 대만, 중국 연태 거주 한국화교 26명에 대한 심층 인터뷰 조사를 실시했다. 인터뷰 대상자의 연령별 분포는 10대 1명, 30대 5명, 40대 6명, 50대 7명, 60대 4명, 70대 2명, 80대 1명이었다. 남녀의 인원은 남자 18명, 여자 8명이었다.

심층 인터뷰 결과, 26명 전원이 한국사회에서 차별을 경험했다고 답했으며 아직도 생생히 기억하고 있다고 대답했다. 가장 많이 지적한 차별은 부동산 소유의 제한이었다. 한국정부는 1961년 외국인토지법을 공포하고, 공공의 목적에 필요한 구역의 토지에 대해 외국인의 토지 취득을 금지 혹은 제약을 가할 수 있도록 했다. 이어 한국정부는 1962년 외국인토지법시행령을 공포하고 외국인의 토지 취득을 금지하거나 제한의 구역을 제시했다.

사실 이 외국인토지법은 일제강점기 때 이미 공포된 법률이었다. 1936년 공포된 이 외국인토지법은 군사상 중요한 구역에 대해서는 외국인의 토지 취득을 금지 혹은 제약한 법률이었다. 1940년에는 외국인의 토지 취득 금지 및 제한 구역이 보다 확대되었다.

이러한 외국인토지법이 공포되기 전 조선화교의 부동산 취득에는 아무런 제약이 없었으며, 토지의 소유권도 인정되었다. 하지만 이 법률 공포로 화교의 토지 취득은 상당히 곤란해졌다. 해방 이후 한국정부는 조선총독부의 외국인토지법을 그대로 이어받았지만 화교의 토지 취득을 제약하지 않았다. 그런데 1961년 5.16군사 쿠데타 이후 이전의 외국인토지법을 다시 시행해 화교는 군사상 중요한 지역에 한해 부동산 취득을 할 수 없게 된 것이다.

한국정부는 1968년 7월 외국인토지법의 개정안을 공포하고, 거주를 목적으로 한 200평 이하의 토지와 상업용 50평 이하의 토지는 사전신고만으로 소유할 수 있도록 했다. 해당 평수를 초과할 경우는 엄격히 규제했기 때문에 사실상 소유가 불가능했다. 대구화교 장○○는 55평의 상업용 토지를 소유하고 있다는 이유로 구청 공무원이 와서 5평을 떼어 매도하라고 했다고 한다. 이 외국인토지법 때문에 화교가 대형 중화요리점을 개업하려고 해도 불가능했다. 한국인 명의로 토지를 매입하고 나중에 떼인 화교가 많았다.

화교를 비롯한 외국인의 토지 취득 상한제는 1999년 「외국인의 토지취득과 관리에 관한 법률」 공포로 철폐되었다. 화교를 위한 조치라기보다 IMF 경제위기로 외국인 자본 유치를 위한 한국의 필요에 따라 실시한 것이었다. 한국화교의 부동산 취득이 제한된 1961년부터 1999년의 시기는 한국의 부동산 가격이 앙등하는 시기였다. 이 시기 부동산 투자를 통한 화교의 재산증식이 근본적으로 차단되었던 것이다.

다음으로 많이 지적한 차별은 거주 자격과 출입국에 관한 것이었다. 화교 주○○는 1981년부터 1987년까지 대만대학 법학과에 유학한 재원이었다. 그는 출입국관리소에 3년마다 거주 자격신고를 해야하지만 유학생활에 몰두하여 그만 시기를 놓쳐버렸다. 한국 거주권을 상실한 주○○는 여행객처럼 한국과 대만, 홍콩, 중국 대륙을 떠돌아 다녔다. 그때의 아픈 마음의 상처로 차라리 무인도에서 살고 싶다는 말까지 했다.

왜 이러한 비극이 발생한 것일까? 한국정부는 1949년 11월 17일 「외국인의 입국출국과 등록에 관한 법률」을 공포하여 외국인의 출입국을 규제하기 시작했다. 이 법률은 화교에게 1년마다 거주허가의 연장을 받도록 규정했지만, 1963년의 '출입국관리법'은 3년으로 연장했다. 화교는 출국할 때에도 한국정부의 허가를 받아야 했지만, 새로운 출입국관리법의 규정에 따라 신고의 의무는 사라진 대신 재입국허가를 받도록 했다. 재입국 기간은 단수는 1년, 복수는 2년이었다. 주〇〇는 거주허가를 제때 하지 못했던 것이다. 화교 가운데 거주허가와 재입국허가를 받기 위해 출입국관리사무소에 가서 직원에게 부당한 대우를 받은 사람이 많았다. 화교에 대한 거주허가 기간은 1995년에 5년으로 연장되고, 2002년에 영주권이 부여되면서 신고의 의무는 사라졌다.

영주권을 보유한 화교는 2005년 「영주외국인에 대한 외국인 지방참정권 부여 법안」에 따라 지방참정권을 행사할 수 있게 되었다. 2006년 5월 실시된 통일지방선거에 투표권이 부여된 화교는 6,516명이었다. 화교의 지방참정권 부여는 화교의 법적권리를 신장하려는 목적이 아니라 일본정부가 재일한국인에게 지방참정권을 부여하도록 하기 위한 의도가 깔려 있었다. 일본은 아직도 외국인의 지방참정권을 부여하지 않고 있다.

나라 없는 난민

인천대 4학년에 재학 중인 A 군은 졸업논문으로 한국화교와 재일한국인의 법적 지위를 비교하는 논문을 쓰고 있다. 그는 재일한국인 3세로 자신의 뿌리를 찾아 일본에서 고등학교를 졸업한 후 한국에 유학 온 학생이다. 일본사회의 재일한국인에 대한 차별문제에 대해 관심을 가져온 그가 비슷한 처지의 한국의 노화교가 어떠한 처지에 있는지 관심을 가지게 된 것은 어떻게 보면 자연스러운 것이다.

그는 연구를 진행하면서 재일한국인과 한국의 노화교의 법적 지위에 상당한 차이가 있다는 것을 발견했다. 1952년 샌프란시스코강화조약에 따라 일본에서 전전戰前부터 거주해온 재일한국인은 단기 체류하는 일반 외국인과 똑같은 자격을 부여받았다. 1965년 한국과 일본 간에 국교가 수립된 것을 계기로 재일한국인에게 영주할 권리를 명문화한 '협정영주권'이 부여되었다. 1991년에는 '협정영주권'의 한계로 지적되어온 지문날인제도, 강제퇴거 등의 문제를 해결하기 위해 한일 양국 간에 합의각서가 채택되어 재일한국인에게 '특별영주권'이 부여되었다. 특별영주권을 부여받은 재일한국인의 법적 지위는 이전에 비해 상당히 개선되었다.

A 군의 재일한국인 친구 가운데 교원자격증을 취득했지만 아직도 교사가 되지 못한 친구가 있다고 한다. 자세한 사정은 분명하지 않지만, 특별영주자는 일본의 공립학교 교사가 될 수 있다. 일본의 공립학교에는 초중고와 농아학교, 장애인학교, 유치원이 있으며, 각 지방자치단체에 의해 관리된다. 특별영주자는 각 지방자치단체가 실

시하는 각 공립학교의 교사 임용시험에 응시할 수 있으며, 합격자는 공립학교 교원으로 채용된다. 단, 교사 임용의 지위는 임용기간의 제한이 없는 '상근강사'이며, 장기간 근무하더라도 관리직으로 승진할 수 없는 한계가 있다.

나는 일본에 거주할 때 공립병원에서 재일한국인 의사의 진찰을 받은 적이 있다. 그는 특별영주자로서 공립병원의 공무원으로 근무하고 있었다. 이처럼 특별영주자는 일본 지방자치단체의 각종 공무원 시험에 응시할 자격이 있다. 단, 일반사무직을 개방해놓은 지방자치단체는 매우 적지만, 의사·의료기사·영양사와 같은 전문직은 대부분의 지방자치단체가 개방해놓고 있다.

내가 일본의 인권 관련 회의에 참석했을 때 재일한국인 출신 변호사를 만난 적이 있다. 그는 일본의 사법시험에 응시하여 합격하고 변호사 자격을 취득했다. 일본은 재일한국인에게 사법시험 자격을 부여했지만, 합격이 되더라도 한국 국적인 채로 사법연수원에 들어가는 것을 인정하지 않았다. 재일한국인 김경득이 최고재판소에 그 부당성을 몇 차례에 걸쳐 호소하여 사법연수원에 입소할 수 있었고, 외국인 첫 변호사가 되었다. 그러나 재일한국인은 사법연수원의 과정을 수료하더라도 판사나 검사로는 임용될 수 없다. 김경득 이후 변호사가 된 재일한국인은 급속히 증가했고, 2001년에는 재일코리아변호사협회가 조직되어 있다. 또한 특별영주자는 국민연금과 각종 의료 및 복지 혜택도 일본인과 거의 동등하게 향유하고 있다. 올해부터 한국에서 도입된 아동수당도 특별영주자는 1980년대부터 수령

하고 있다.

한국의 노화교의 법적 지위는 재일한국인과 비교할 때 어떨까? 한국정부는 2002년 노화교에게 영주권을 부여했지만 법적 지위는 매우 취약하다. 노화교는 일본처럼 공립학교와 지방자치단체의 공무원으로 임용될 수 없으며 변호사 시험을 칠 수 있는 자격도 없다. 한국인과 똑같이 세금을 내고 있는데도 불구하고 각종 복지혜택도 거의 받지 못하고 있다. 아동수당의 대상에서도 노화교는 제외되어 있다. 이 때문에 국백령鞠栢嶺 한성화교협회 고문은 노화교의 영주권은 '빛 좋은 개살구'에 불과하다고 분통을 터뜨린다. 현재의 영주권은 5년마다 출입국관리소에 가서 거주 연장 허가 신청을 하지 않아도 되는 불편함을 덜어준 것 외에 달라진 게 전혀 없다는 것이다.

일본의 노화교는 어떠한 법적 지위에 있을까? 일본의 노화교는 대만계와 대륙계의 두 가지 종류로 나뉘어 있는데, 대만 출신의 노화교는 재일한국인과 마찬가지로 특별영주자의 지위에 있다. 일본의 식민지 출신자가 아닌 중국 대륙 출신 노화교는 특별영주자가 아니라 (일반)영주자로 분류되어 있다. 하지만 (일반)영주자와 특별영주자의 법적 지위는 거의 동일하다. 특별영주자는 재류카드의 상시휴대의무가 없는 대신 일반영주자는 상시휴대의무가 부과되어 있다는 점, (일반)영주자가 될 수 있는 조건에는 선량하고 일본의 국익에 합치된다고 인정되는 자에 한하지만 특별영주자에게는 그러한 제한이 없다는 점 정도의 차이밖에 없다. 즉, 일본의 노화교도 재일한국인과 동등한 법적 지위를 향유하고 있는 것이다.

A 군은 한국의 노화교의 법적 지위가 재일한국인 및 일본의 노화교에 비해 낮은데도 불구하고 지방참정권이 부여된 것을 의아해한다. 일본정부는 아직 외국인에게 지방참정권을 부여하고 있지 않기 때문이다. 그는 일본사회가 특별영주자에 대해 일본의 보이지 않는 차별과 제도적 차별이 아직도 존속하고 있다는 것을 비판하면서도 이전과 비교하면 많이 개선된 것을 인정한다. 그는 한국정부가 노화교에게 지방참정권을 부여하기 이전에 한국의 노화교에게 재일한국인과 비슷한 법적 지위를 부여하는 것이 먼저라고 주장했다. 국백령 고문은 "지방참정권 부여는 재일한국인의 지방참정권을 부여하기 위한 정치적인 의도에서 나온 것"이라고 꼬집었다. A 군은 일본의 재일한국인 차별문제를 분명히 밝히려는 목적에서 시도한 졸업연구에서, 자신의 모국인 한국이 법적 지위의 측면에서 재일한국인보다 노화교가 훨씬 열악한 사실을 알고 상당히 당황해한다. '들어가며'에 재일사학자 강재언 교수의 사연을 적었지만 A 군도 비슷한 당혹감을 느낀 것이다.

한국의 노화교는 이처럼 거주국 정부로부터 버림받은 존재이지만 대만과 중국으로부터도 배척당하고 있다. 한국인이 대만에 입국할 때는 비자가 필요 없는 반면, 대만(중화민국)의 여권을 소지하고 있는 노화교는 아이러니하게도 필요하다. 노화교가 소지하고 있는 대만 여권에는 신분증번호(주민등록번호)가 기재되어 있지 않아서 대만인이 소지한 여권과 동등한 취급을 받지 못하기 때문이다. 미국과 일본에 입국할 때는 대만인이면 무비자로 갈 수 있지만, 한국의 노화교는 사전에 해당 국가 대사관에 가서 비자를 받아야 입국할 수 있다. 대만정부는 1950년대 초반부터 대만에 유학 온 노화교에게 호적을 부여하여 대만인과 동등한 대우를 받을 수 있도록 우대했지만, 이등휘李登輝 총통 이후 국적법과 호적법을 개정하여 그러한 혜택을 철폐했다. 이것이 화교중학을 졸업한 한국의 노화교 학생의 대만 유학이 1990년대 들어서부터 급격히 줄어든 이유 중 하나이다.

중국은 어떠할까? 중국정부는 입국하는 한국의 노화교에게 여행증을 발급한다. 여행증은 비자와 같은 것이지만 중국 국내에서 은행 계좌를 개설할 수도 없다. 이 여행증으로 숙박할 수 없는 중국의 호텔도 많다. 노화교가 중국대사관에 여권을 신청하면 여권을 부여받을 수 있다. 그러나 대만정부가 발급하는 여권처럼 신분증번호가 기재되어 있지 않아 불편한 점이 많다. 중국대사관은 중국과 대만의 여권 모두를 소지하고 있는 것을 암묵적으로 인정하고 있지만, 암암리에 대만 여권을 포기하라고 압력을 가한다. 대만의 주한대북대표부도 마찬가지로 중국 여권을 취득한 노화교에게 암암리에 중국 여권을 포기하라고 압력을 가한다.

국백령 고문은 2017년에 출간한 『나라 없는 난민: 여한화교의 간곤 역정의 증인沒有國家的難民: 見證旅韓華僑的艱困歷程』에서 한국의 노화교의 처지를 다음과 같이 표현했다.

"우리들이 그동안 소지하고 있던 것은 중화민국(대만) 여권이다. 우리들의 국적은 당연히 중화민국이어야 한다. 하지만 한국정부의 외국인

등록상 우리들의 국적은 'CHINA TAIWAN'이다. 중화민국이 아니고, 중화인민공화국도 아니다. 그래서 한국화교는 스스로 우리들을 '나라 없는 난민'이라 자조한다."

十五

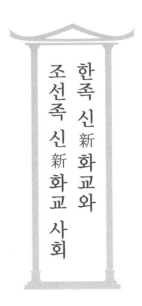

한족 신新화교와
조선족 신新화교 사회

한국화교 사회는 한중 수교 이후 대륙에서 이주한 중국인의 급속한 인구증가로 신화교
중심의 사회로 바뀌었다. 2016년 말 현재 노화교 인구는 2만 명에도 미치지 못하지만 한
족 신화교 인구는 20만 명, 재한조선족 신화교는 34만 명에 달한다. 한국 거주 전체 외국
인 인구의 5할을 차지한다.

한족 신新화교 사회단체

2018년 6월 16일 서울 대림동 서울중국인교회를 찾았다. 이 교회는 중간에 십자가, 양 옆에는 태극기와 중국의 국기인 오성홍기가 걸려 있다. 2003년 9월 서울 가리봉동에서 시작된 한족 신화교를 대상으로 한 교회이다. 2010년 4월 현재의 대림동으로 이전하여 현재까지 이르고 있다. 이 교회의 한족 교인은 80명에 달하지만 일요일 예배에 정기적으로 참가하는 교인은 40여 명이다. 주로 3D 업종에 종사하는 노동자가 많기 때문에 일요일 예배에 참석하지 못하는 교인이 많다.

이 교회에 다니는 신화교 여성 조리휘는 2007년 4월 중국 흑룡강성黑龍江省(헤이룽장성)에서 서울로 이주했다. 그녀는 흑룡강성에서 북한 탈북자 남성을 도와주게 되었고, 둘 사이에 사랑이 싹터 자식까지 낳았다. 2003년 탈북 남편을 한국으로 보내려다 중국 경찰에 잡혔다. 그녀는 중국인이기 때문에 풀려나고 남편은 북송되어 수용소에 감금되었다.

조리휘는 남편을 북한에서 탈출시키기 위해 갖은 노력을 한 결과 남편과 그의 누나와 여동생도 함께 탈북에 성공시켰다. 그녀는 3명의 탈북자를 한국으로 갈 수 있도록 도와주었다. 그러나 남편이 한국에 도착한 후 자신을 한국으로 초청하지 않자 10개월 된 아이를 데리고 서울로 왔다. 남편은 서울에 온 후 알게 된 탈북 여성과 동거생활을 하고 있었다. 그녀는 이 사실을 알고 충격에 빠져 자살까지 생각했지만 이 교회 최황규 목사의 도움으로 지금은 한국인과 결혼하

여 중화요리점 3개와 만두공장 1개를 경영하는 여사장으로 당당히 한국에서 생활하고 있다.

내가 가끔 가는 대구중화기독교회에 한족 신화교 3명이 예배에 참석한다. 20~30대 나이의 남성 노동자이다. 그들은 대구 부근의 제조공장으로 이주하여 노동하고 있다. 2명은 산동성 출신이고 1명은 흑룡강성 출신이다.

조리휘와 3명의 남성 노동자처럼 한국에 이주한 한족 신화교는 한중 수교 이전인 1991년에 67명에 불과했다. 1996년에는 1만 7,387명으로 증가하고 2006년에는 9만 298명, 2016년에는 20만 7,259명으로 폭발적으로 증가했다. 90일 이상 체류하는 한족 신화교의 거주 자격은 이주 초기인 1996년만 하더라도 산업연수가 전체의 94퍼센트를 차지할 정도로 압도적으로 많았다. 즉, 노동자가 9할 이상을 차지한 것이다. 그러나 20년 뒤인 2016년의 경우, 산업연수는 전체의 9.1퍼센트에 불과하다.

2016년 한족 신화교의 거주 자격 가운데 비중이 높은 순서는 유학 22.4퍼센트, 방문동거 21.2퍼센트, 영주 12.4퍼센트, 결혼이민 11.8퍼센트, 거주 8.6퍼센트가 그 뒤를 이었다. 한족 유학생은 한국 전체 외국 유학생의 6할을 차지할 정도로 높은 비중을 차지한다. 조리휘와 같은 결혼이민은 2만 4,438명이다.

이러한 한족 신화교는 수도권에 전체의 6할이 거주한다. 경상도 15.6퍼센트, 충청도 10.2퍼센트, 전라도 7.1퍼센트, 제주도 4.3퍼센트가 그 뒤를 이었다. 20만 명에 달하는 한족 신화교이지만 신화교 사회를 연결해주는 사회단체는 얼마 되지 않는다. 한국에서 유학하고 박사학위를 취득한 중국인이 '재한중국인유학생박사연합회'를 조직하여 활동하고 있다. 회원은 100여 명이다. 한국의 각 대학에는 중국유학생회가 조직되어 있고 각 유학생회의 연합단체인 재한중국유학생회가 결성되어 있다.

한국의 각 대학에 근무하는 한족漢族 출신(소수민족인 조선족도 포함되어 있음) 교수는 233명으로 중국학 및 중국어 수요 증대로 증가하는 추세이다. 경남 지역에는 경남중국인교사연합회가 결성되어 지역 대학과 공자학원에 근무하는 교사가 정기적인 모임을 갖고 있다. 주한중국대사관이 공인한 중국재한교민협회총회가 있지만 한족 신화교는 거의 참가하지 않고 있다.

이처럼 한족 신화교의 사회단체가 적은 원인은 그들의 거주 자격이 재한조선족 신화교에 비해 상대적으로 불안정하기 때문이다.

재한조선족 신新화교 사회단체

재한조선족 사회는 2017년 9월 대림동에서 한 편의 영화 상영 금지를 촉구하는 시위를 벌였다. 8월 개봉된 영화 〈청년경찰〉이 재한조선족의 집단거주지이자 상업지구인 대림차이나타운을 '범죄 소굴'로 묘사하거나 조선족을 범죄집단으로 그려내고 있다는 이유에서였다. 재한조선족 사회단체는 '중국동포단체공동대책위원회'를 결성하여 단결된 힘을 과시했다.

재한조선족의 인구는 1991년 125명에서 2006년에는 22만 명, 2016년에는 34만 명으로 급증했다. 한족 신화교와 재한조선족 인구를 합하면 한국 거주 전체 외국인 인구의 5할을 차지한다. 재한조선족의 급속한 인구증가는 한국정부의 정책과 관련이 있다. 한국정부는 2004년 재외동포법을 개정하여 재한조선족에게도 외국적동포의 지위를 부여했고, 한국 입국, 거주, 취업이 이전보다 훨씬 쉬워졌다. 외국적동포의 지위 획득은 2005년 고용허가제, 2008년 3년 체류가

영화 〈청년경찰〉 상영 금지를 촉구하는 중국동포단체 공동대책위원회의 김숙자 공동대책위원장
ⓒ 김용필

가능한 방문취업제(H-2), 2008년 장기체류 자격이 가능한 재외동포 (F-4) 자격 부여로 이어져 정착이 이전에 비해 훨씬 용이해졌다. 이 때부터 인구가 급증하기 시작했다.

재한조선족의 거주지는 수도권에 전체 인구의 84퍼센트가 집중되어 있다. 한족 노화교와 신화교에 비해 수도권 집중도가 더 높은 편이다. 대림차이나타운은 재한조선족 집단거주지의 상징적인 지역이다. 재한조선족의 거주 자격은 방문취업이 66.7퍼센트로 압도적으로 높은데 이것은 외국적동포의 지위와 관련이 있다. 그다음은 영주 (F-5) 22퍼센트, 결혼이민(F-6) 5.1퍼센트였다. 한족 신화교와 완전히 다른 양상을 보여준다.

재한조선족의 사회단체는 한족 신화교와 달리 많이 조직되어 있다. 이것은 재한조선족에게 외국적동포의 지위가 부여되어 안정된 체류가 보장된 영향이 크다. 유학생단체로는 2003년에 설립된 '재한조선족유학생네트워크'가 있다. 재한조선족사회를 대표하는 사회단체에는 중국동포한마음협회, 재한동포연합총회가 있다. 이 외에 봉사단체, 취미여가동호회단체, 노인단체, 여성단체, 경제단체, 문화예술단체, 다문화단체 등 다양한 사회단체가 조직되어 활동하고 있다.

한국의 신화교 사회는 이처럼 재한조선족이 주도하는 매우 특이한 특성을 가지고 있다. 일본의 신화교의 인구는 2016년 12월 66만 5,847명으로 외국인 전체 인구의 약 3할을 차지하지만 인구의 대부분은 한족 출신 신화교이다. 다른 지역과 국가도 마찬가지이다.

우리는 한반도화교 137년의 역사를 화교의 경제 활동과 사회 활동을 중심으로 살펴봤다. 이러한 한반도화교의 역사는 한국사, 동아시아사, 세계 화교사에서 어떤 의미를 가지는 것일까?

한국 근대사 기술은 일본의 침략 및 식민통치와 그에 대한 민중의 정치적, 경제적 저항(독립운동)을 기축으로 한다. 나도 이러한 구도 속에서 근대사를 기술하는 것에 대해 이해한다. 하지만 조선의 근대 역사공간을 조선·조선인과 일본·일본인과의 대립구도 속에서만 파악하면 화교의 경제 활동과 사회 활동을 포함시킬 여지가 없어져 버린다.

살펴본 대로 조선화교의 경제 활동은 놀라운 것이었다. 화교 주단포목상점은 전국 주단포목상점 업계에서 상점수의 2할, 매출액의 3할을 차지했고, 일본인과 조선인 주단포목상점을 압박하는 세력을 형성하고 있었다. 화교 주물공장은 조선 솥 시장의 7할을 독점했으며, 신의주의 화교 양말직조공장은 평양의 조선인 양말직조공장을 압박했다. 화농이 재배한 채소는 조선 주요 도시의 상업용 채소공급에서 큰 비중을 차지했다. 화교 건축회사와 화공은 조선의 성당과 교회 건축 시공을 주도했으며, 임금이 싸고 부지런한 화공은 조선의 노동시장을 뒤흔드는 세력을 형성했다. 화교 중화요리점은 한국식 중화요리를 창조하고 조선과 한국의 외식산업을 주도했다. 화교 양복점과 이발소는 조선의 '근대화' 과정에서 생성된 틈새시장을 개척하여 조선의 양복업계와 이발 업계에서 두각을 나타냈다. 이러한 조선화교의 경제 활동은 조선에서 이뤄진 이상 한국 근대사에 포함시켜야 하지 않을까.

또한 우리가 역사 시간에서 배운 만보산사건은 중국 당국의 재만조선인에 대한 탄압과 일제의 조선인과 중국인 이간책에 의해 발생한 것으로 서술되어 있다. 하지만 이 사건의 본질은 길림성 장춘 만보산에서 발생한 사건이 아니라 이 사건으로 촉발된 1931년 화교배척사건에 있다. 조선화교 200여 명이 살해되고 화교경제가 초토화된 이 중요한 사건을 남북한의 근대사에서 다루지 않고 있다.

근대 동아시아의 역사는 사람의 이동을, 조선인과 일본인의 만주 및 중국으로의 이동, 조선인의 일본으로의 이동, 일본인의 조선 및 대만으로의 이동을 중심으로 기술한다. 그런데 중국인의 조선, 일본, 극동러시아, 대만 등지로의 이동은 일제의 각종 이동 규제가 있었는데도 불구하고 적지 않게 이뤄졌다. 그중에서 중국인의 조선 이주자가 가장 많았고, 조선에 많은 정치·경제적 영향을 주었다. 조선화교가 일본화교, 대만화교에 비해 훨씬 많은 이유는 일제가 화공의 조선 입국을 허가한 반면, 일본과 대만 입국은 철저히 제한했기 때문이다. 일제가 조선인의 만주 이주를 촉진하기 위해 화공의 조선 이주를 허용한 것이 컸다.

조선화교는 동아시아 지역 내 상품의 이동을 촉진하는 역할을 했다. 화상은 중국산 비단과 모시삼베를 조선에 수입했다. 조선총독부의 높은 관세 부과로 이들 상품의 수입이 여의치 않자 일본산 면직물을 직접 수입하고, 이 면직물을 중국에 재수출했다. 화농은 산동성산 채소 종자를 수입했으며, 화상은 조선산 해산물과 인삼을 중국으로 수출했다.

세계 화교 가운데 조선화교는 독특한 특성을 가지고 있다. 세계 화교의 주류는 광동성, 복건성을 고향으로 하는 화교이다. 일본화교도 마찬가지이다. 그러나 조선화교는 산동성을 중심으로 한 화교가 대부분을 차지했다. 한국과 북한의 노화교도 산동성 출신이 9할을 넘는다. 산동성 출신 화교가 절대다수인 것은 산동성과 한반도가 지리적으로 가깝다는 점이 많이 작용했다. 따라서 조선화교와 한국의 노화교 사회는 산동성의 문화전통의 영향을 강하게 받았다.

나는 한반도화교 137년의 역사 가운데 큰 획을 그은 양대 사건을 1931년 화교배척사건과 조선의 해방으로 꼽는다. 1931년 화교배척사건이 조선화교의 사회와 경제를 발전에서 쇠퇴로 전환시킨 대사건이었다면, 조선의 해방은 남북분단으로 한국화교와 북한화교를 자연스럽게 생성했기 때문이다. 한국화교는 자본주의 시장경제하에서 무역업, 채소재배, 중화요리점의 분야에서 근대 시기와 같이 활발한 경제 활동을 펼쳤지만, 한국정부와 사회의 각종 규제와 차별로 쇠퇴했다. 하지만 쇠퇴의 보다 근본적인 원인은 한국화교의 고향인 중국 대륙과 한국 간에 사람, 상품, 화폐의 이동이 금지된 데에 있었다. 중국인 인구의 새로운 유입이 차단되었고, 중국과의 무역을 할 수 없게 된 것이다. 이로 인해 한국화교의 경제와 사회는 정체될 수밖에 없는 환경에 처했다.

1992년의 한중 수교는 이러한 정체된 노화교 사회에 새로운 활력을 불어넣었다. 하지만 이미 상당수가 미국, 대만, 일본 등지로 재이주한 상태였기 때문에 별다른 발전 양상을 보여주지 못하고 있다. 이런 가운데 중국 대륙에서 이주한 신화교가 급격히 증가했고, 한국화교 사회는 신화교 중심의 화교 사회로 바뀌었다.

한국의 신화교 사회는 재한조선족이 한족보다 인구나 경제력 측면에서 훨씬 능가하고 있는 특징이 있다. 재한조선족은 재외동포법에 적용되어 안정된 체류자격을 획득했지만, 한족은 그렇지 않기 때문이다. 대림차이나타운은 '중국 동포 타운'이라 할 정도로 재한조선족의 집단거주지이자 상업지구로 발전했으며, 규모로 볼 때는 인천 차이나타운을 훨씬 능가한다.

북한화교는 사회주의 경제체제하에서 개인 상업도 개인 채소재배도 금지되어 자신들만의 화교경제를 형성할 수 없었다. 화교 사회와 화교학교도 북한 노동당 및 정부의 철저한 통제로 화교의 정체성을 유지하기기 곤란했다. 1980년대 들어 북한 경제의 파탄과 중국의 고도경제성장으로 대부분이 중국으로 귀국했고, 현재 잔류하고 있는 화교는 3,000여 명에 불과하다.

귀국한 북한화교는 단동 및 연변 등지에서 북한과의 중계무역을 담당하여 상당한 경제력을 구축한 것으로 알려져 있다. 북한의 핵문제가 해결되고 개혁개방이 실현된다면 북한도 신화교 중심의 화교 사회로 재편될 것으로 보인다. 또한 중국에 귀국한 북한화교도 북한의 노화교 네트워크를 통해 그 역할을 보다 확대할 것이다.

후
기

화교 연구와 씨름하며 보낸 지난 20년의 기억이 주마등처럼 스쳐 지나간다.

'화교'가 무슨 뜻인지도 제대로 몰랐던 내가 화교연구를 시작했으니 얼마나 많은 사연이 있었겠는가.

이런 가운데 가장 큰 힘이 되어준 것은 다름 아닌 한국화교분들이었다. 화교가 아닌 한국인인 나에게 자신들의 이야기를 털어놓는 것이 불편했을 텐데도 불구하고 어떤 때는 맛있는 중화요리를 사주면서 속에 담아둔 사연들을 들려주었다. 내가 심도 있게 인터뷰 한 한국화교는 50여 명에 달한다. 이 가운데 아쉽게도 이 세상에서 다시 만나뵐 수 없는 분들도 몇 명 된다.

난계선欒繼善 씨는 해방 직후 산동성 청도靑島에서 인천으로 이주한 후, 한국전쟁 때 대구에 정착한 화교이다. 그는 인천화교자치구공소에서 외무 담당 총무로 일할 만큼 두뇌 명석하고 국민당 당원인 것을 늘 자랑스럽게 여기며 평생을 살았다. 대구화교협회 건물 2층의 좁은 방에서 숙식을 취하면서 대구화교 사회를 지탱하다 2000년대 자식이 있는 대만으로 재이주해 그곳에서 세상을 떠났다. 큰 키에 몸가짐이 반듯한 신사였다.

구비소邱丕昭 씨는 산동성 출신으로 해방 후 북한 지역에서 남하하여 당시 한국 최대의 무역회사인 만취동萬聚東에서 근무했다. 그는 만취동이 단순한 무역회사가 아니라 객상에게 각종 무역업무를 알선하고 서비스를 제공하는 행잔行棧의 역할도 했다는 것을 알려주었다. 나는 그의 이야기를 토대로 만취동의 무역활동을 분석한 논문을 집필할 수 있었다. 그는 대구에서 오갈피 양조공장을 경영하여 크게 성공했지만, 중국산 백주의 수입이 증가하면서 결국 문을 닫았다. 기업가 출신답게 통이 크고 밝고 명랑한 성격이었다. 2000년대 자식이 있는 미국으로 재이주한 뒤, 그곳에서 세상을 떠났다.

지건번遲建藩 씨는 한국전쟁 때 화교 정보 부대인 S.C지대의 참전용사 출신이었다. 그는 한국의 자유민주주의를 수호하기 위해 청춘을 바쳤지만 화교 참전 용사는 외국인이라는 이유로 훈장도 복지 혜택도 받지 못했다며 한국정부를 평생 원망했다. 그는 나에게 이 문제를 해결해달라며 부탁했지만, 아무런 도움을 주지 못했다. 어느 날 서울 자택에 전화했을 때, 부인으로부터 얼마 전 돌아가셨다는 말씀을 듣고 죄송한 마음을 금할 길 없었다.

서국훈徐國勳 씨는 직접 뵌 적은 없는 분이었다. 대구화교소학에서 오랫동안 교사와 교장 그리고 대구중화기독교회의 장로로 근무

한 후, 1980년대에 미국으로 재이주했다. 대구에서 40여 년 간 거주한 화교 지식인으로 2005년 '대구화교정착100주년기념행사'에 도움을 주기 위해 대구의 화교 역사를 깨알 같은 글씨로 써서 보내주었다. 그의 글 속에 중일전쟁 시기 대구화교가 항일활동의 혐의로 경찰의 고문을 받고 사망했다는 사실이 나오는데, 나는 이 사실을 조선총독부 비밀문서에서 확인했다. 이것이 계기가 되어 화교의 항일활동에 관한 논문을 집필할 수 있었다. 그는 작년 미국에서 세상을 떠났다.

이처럼 네 분의 화교에게 많은 신세를 졌지만 제대로 인사도 드리지 못했다. 이 자리를 빌려 감사의 마음을 담아 고인들의 명복을 빈다.

또 한 분의 안타까운 부고를 접했다. 재일한국인 사학자 강재언 교수이다. 이 책의 '들어가며'에서 소개한 대로 나를 화교 연구로 이끌어준 분이다. 그는 한반도 근대사 분야의 권위자로 일본에서 그의 전집이 출판될 정도의 대학자이다. 강재언 교수는 한국화교가 차별 받고 있다는 사실을 접하고 매우 가슴 아파했다. 자신이 일본사회에서 많은 차별을 경험한 만큼 화교의 처지를 동병상련의 심정으로 이해했던 것이다.

강 교수는 일본에서 재한화교연구회在韓華僑研究會를 조직하여 한국화교의 문제를 해결하려 노력했고, 한국화교에게 지방참정권을 부여하는 운동을 일본에서 지원하기도 했다. 나는 2017년 1월 인천대 중국학술원과 고베화교화인연구회가 고베에서 공동으로 개최한 '인천차이나타운 사진전' 및 화교 관련 국제심포지엄에 강재언 교수를 초청했지만, 건강상의 이유로 참석하지 못한 것이 못내 아쉬움으로 남는다. 그해 11월에 영면했기 때문에 더욱 그렇다. 진정한 학자이자 선비였던 강재언 교수의 명복을 빈다.

나에게 2005년 10월 9일부터 11일까지 대구화교협회 일원에서 개최된 '대구화교정착100주년기념행사'는 평생 잊을 수 없다. 화교

2005년 10월 대구에서
개최된 대구화교정착
100주년기념행사
ⓒ 권상구

연구를 진행하다 대구에 화교가 처음으로 정착한 것이 1905년이라는 사실, 화교가 대구의 근대건축과 경제발전에 큰 기여를 했다는 사실을 알아냈다. 대구시민이 100년 동안 지역발전을 위해 힘써준 화교에게 감사를 표하고 시민과 화교가 친구가 되는 행사를 대구화교협회와 대구시민사회가 공동으로 기획했다. 3일 동안 개최된 행사는 대구화교의 역사를 시민에게 제대로 알리는 기회가 되었다. 11일에는 서울 세계화상대회에 참가한 일본화교 120명이 폐회식 행사와 만찬 행사에 함께하여 더욱 뜻깊었다. 만찬식 행사 때 대구화교중학 고등부 여학생이 "이번 행사를 통해 화교인 것에 자부심을 가지게 되었다. 가슴을 펴고 내가 화교라고 말할 수 있게 되었다"라고 말했다. 가슴이 뭉클해지는 순간이었다.

되돌아보니, 나의 화교 연구 20년은 '화교'에 관한 연구에 그치지 않은 것 같다. 나 자신을 깊이 성찰하는 시간이었고, 한민족과 한반도의 경제와 사회를 다른 시각에서 바라본 유익한 시간이기도 했다. 그래서 도와준 분들이 더욱 고맙다.

나의 화교 연구를 물심양면으로 지원해준 많은 한국화교 원로에게 감사드리고 싶다. 특히 국백령鞠柏嶺 한성화교협회 고문과 소상원蕭相瑗 전 대구화교협회장의 증언과 협조가 없었다면 생동감 넘치는 화교 연구를 할 수 없었을 것이다.

역사학자에게 자료는 생명과 같은 것이기에 자료를 제공해준 국내외 학자에게 감사를 드리고 싶다. 일본의 미즈노 나오키水野直樹 교토대 명예교수, 대만의 양운평楊韻平 선생님과 왕은미 대만사범대학교수, 중국의 송오강宋伍强 광동외어외무대학 교수에게 많은 신세를 졌다. 그리고 이 책에 귀중한 사진을 제공해준 여러 기관과 선생님들께도 깊은 감사의 말씀을 드린다.

나는 일본화교화인학회와 고베화교화인연구회의 회원으로 오랫동안 활동하면서 많은 것을 배울 수 있었다. 특히, 야스이 산기치安井三吉 고베대 명예교수, 진라이코陳來幸 효고현립대 교수·일본화교화인학회장은 내 연구에 늘 큰 관심을 보이며 유익한 비평을 해주었다.

후마 스스무夫馬進 교토대 명예교수는 한 번의 면식도 없는 나에게, 2012년 일본에서 출판된 졸저『조선화교와 근대동아시아』만을 읽고 박사학위를 주셨다. 나의 연구를 신뢰하고 늘 응원해주는 후마 선생님의 은혜는 잊을 수 없다.

나의 화교 연구의 시야와 영역을 확대하는 데 유익한 코멘트를 해준 해외 학자에게도 감사드린다. 장존무張存武 대만중앙연구원 근대사연구소 연구원(고인)과 임만홍林滿紅 대만사범대 교수·전 국사관장, 도우L. M. Douw 암스테르담대 명예교수 용등고龍登高 중국 칭화대 교수·중국화교역사학회부회장, 유준호遊俊豪 싱가포르 남양이공대 화예관 관장, 이시카와 료타石川亮太 일본 리쓰메이칸대 교수, 이배덕李培德 홍콩대 교수, 곽혜영郭慧英 미국 존스홉킨스대 교수와 안병일 미국 새기노주립대 교수 등.

나는 국내에서 수준 높은 화교연구를 하고 있는 학자들로부터 많은 격려와 학문적 도움을 받았다. 강진아 한양대 교수, 이은상 부산대 교수, 김희신 상명여대 교수는 중국사의 시점에서 조선화교를 연구했고, 화교사의 관점에서 한반도화교를 연구하는 나에게 많은 도움이 되었다.

15년 일본 대학 생활을 마치고 2014년 8월 부임한 인천대 중국학술원의 가족에게 감사할 게 한두 가지가 아니다. 학술원 가족 여러분에게 깊은 감사의 말씀을 드린다. 그리고 나의 변변치 못한 연구에 늘 칭찬을 아끼지 않는 스승 김영호 교수·전 산업자원부 장관을 비롯한 여러 은사와 대학원 선후배들에게도 감사를 드린다.

사실 이 책은 도서출판 동아시아의 한성봉 사장의 적극적인 권유가 없었다면 세상에 나오지 못했을 것이다. 출판 불황이 계속되는 가운데서도 나의 연구에 애정을 가지고 이끌어준 한 사장에게 고개 숙여 감사를 드린다. 그리고 한 사장과 인연을 맺어준 인천 화도진도서관의 박현주 선생님의 은혜도 잊을 수 없다. 편집의 노고를 아끼지 않은 박민지 편집자에게도 감사드린다.

책의 집필 과정에서 눈병으로 고생을 많이 했다. 사상 최고의 폭염도 집필을 더디게 했다. 몇 번이나 중도에서 포기하려 했지만, 그때마다 큰 힘이 되어준 것은 부모님과 가족이었다. 이러한 가족을 허락한 하나님께 감사드린다.

참고문헌

1

양필승·이정희(2004), 『차이나타운 없는 나라: 한국 화교경제의 어제와 오늘』, 삼성경제연구소

哲夫·王景文(2005), 『煙台舊影』, 凌天出版社, 12쪽)

李正熙(2008.3), 「在韓華僑の人口に關する考察(1883-1949年)」, 『京都創成大學紀要』8-2, 京都創成大學成美學會.

박현규(2011), 「서울 오무장공사(吳武壯公祠)의 역사와 현황 고찰」, 『중국사연구』74, 중국사학회.

이은자(2012), 「인천 삼리채 중국조계 한민 가옥 철거 안건 연구」, 『동양사학연구』118, 동양사학회

김희신(2015), 「오무장공사의 유래와 한국사회에서의 위상」, 『중국학보』74, 한국중국학회.

이정희·송승석(2015), 『근대 인천화교의 사회와 경제: 인천화교협회소장자료를 중심으로』, 학고방.

宋伍强(2016.3), 「改革開放初期朝鮮華僑歸國問題研究」, 『華僑華人歷史研究』2016年3月第1期(總第113期), 中國華僑華人歷史研究所.

강진아(2018), 『이주와 유통으로 본 근대 동아시아 경제사: 동순태호 담걸생 이야기』, 아연출판부.

김용하·도미이 마사노리·토다 이쿠코(2017), 『모던 인천 시리즈1』, 토향.

이정희(2018), 「서장」, 『한반도 화교사』, 동아시아.

2

왕언메이 저·송승석 역(2013), 『동아시아 현대사 속의 한국화교: 냉전체제와 조국의식』, 학고방.

이용재(2012.6), 「재벌과 국가권력에 의한 화교 희생의 한 사례 연구: 아서원(雅敍園) 소송사건」, 『중앙사론』35, 중앙사학연구소.

이정희(2017.6), 「조선화교의 중화요리점 연구: 1880년대~1920년대를 중심으로」, 『사회와 역사』114, 한국사회사학회.

이정희(2017.12), 「조선화교 중화요리점의 실태: 1927-1945년의 시기를 중심으로」, 『경제사학』41-3(통권65호), 경제사학회.

3

鴻山俊雄(1964), 『神戸と在留中國人』, 東亞學社.

陳來幸(2007), 「阪神地區における技術者層華僑ネットワーク一考: 理髮業者の定着とビジネスの展開を中心に」. 山田敬三先生古稀記念論文集刊行會 編, 『中國文化の傳統と現代: 南腔北調論集』, 東方書店.

陳來幸(2007), 「三江會館の設立と新たな活動」, 姜成生 主編, 『神戸三江會館簡史 1912-2007』, 財團法人三江公所.

이정희(2017.12), 「이발소와 양복점으로 본 조선화교의 실태: 1890년대~1940년대를 중심으로」, 『사회와 역사』116, 한국사회사학회.

이정희(2018), 「제9장」, 『한반도 화교사』, 동아시아.

4

이정희(2018), 「제1장~제6장」, 『한반도 화교사』, 동아시아.

5

朝鮮總督府(1932), 『調査資料第四十三輯生活狀態調査(其四) 平壤府』, 朝鮮總督府.

이정희(2018), 「제10장~제11장」, 『한반도 화교사』, 동아시아.

6

仲摩照久 編(1930), 「日本地理風俗大係」第17卷, 新光社.

이정희(2017.12), 「조선 화교의 성당건축 시공 활동(1880년대~1930년대): 서울과 대구를 중심으로」, 『教會史研究』 51, 한국교회사연구소.

이혜원(2018.5.12.), 「화교 개신교인 건축청부업자의 한국 근대 미션계 건축시공 활동: 서울지역의 해리장과 왕공온을 중심으로」, 한국기독교역사학회 제367회 학술발표회 논문.

이정희(2018), 「제16장」, 『한반도 화교사』, 동아시아.

7

朝鮮總督府(1932), 『調査資料第四十三輯生活狀態調査(其四) 平壤府』, 朝鮮總督府.

이정희(2018), 「제12장~제14장」, 『한반도 화교사』, 동아시아.

8

송오강(2018.2), 「어느 북한화교의 이야기」, 『관행중국』(2018년 2월호).

宋伍强(2010.12), 「朝鮮半島北部地域の華僑社會に關する社會經濟的分析」, 兵庫縣立大學博士學位論文.

「朝鮮龍川暴炸發生後朝鮮華僑」, 『南方都市報』, 2004.4.29.

「北朝鮮特輯: 中華料理專門店が人氣」, 『共同通信』, 2003.12.17.

강주원(2013), 『나는 오늘도 국경을 만들고 허문다』, 글항아리.

9

권기영·이정희(2015), 『인천, 대륙의 문화를 탐하다』, 학고방

박우(2017.2), 「'재한'조선족'집거지 사업가에 대한 사회학적 연구: 시민(권)적 지위와 계급적 지위의 상호작용을 중심으로」, 서울대학교박사학위논문

이정희(2017.8.14.), 「한중수교 이후 한국화교 사회의 변화(1992-2017)」, 『한중수교25주년 국제학술회의』, 현대중국학회.

김용선(2017.12), 「대림동 중국동포타운 지역활성화 연구」, 한국외국어대학교 박사학위논문.

10

朝鮮總督府警務局(1931.10), 『外事關係統計』, 朝鮮總督府

담건평(1985), 「재한화교의 사단조직에 관한 연구: 서울지역을 중심으로」, 서울대인류학과석사학위논문

李正熙(2010), 「韓國華僑社會組織研究」, 『近30年來東亞華人社團的新變化』, 廈門大學出版社.

宋伍强(2010.12), 「朝鮮半島北部地域の華僑社會に關する社會經濟的分析」, 兵庫縣立大學博士學位論文.

왕언메이 저·송승석 역(2013), 『동아시아 현대사 속의 한국화교: 냉전체제와 조국의식』, 학고방.

이정희·송승석(2015), 『근대 인천화교의 사회와 경제: 인천화교협회소장자료를 중심으로』, 학고방.

국백령 인터뷰(2016.3.30., 2017.5.22., 서울 명동 대한문화예술공사 사무실에서).

鞠栢嶺(2018), 『沒有國家的難民: 見證旅韓華僑的艱困歷程』, 韓華春秋出版社

11

東亞經濟調查局 編譯(1929), 『支那排日教材集』, 東亞經濟調查局.

漢城華僑學校(1941.7), 『漢城華僑學校概況』, 漢城華僑學校.

華僑志編纂委員會編(1958), 『華僑志-韓國-』, 華僑志編纂委員會.

王恩美(2004),「韓國における華僑學校教育の歷史: 1945年以後を中心に」,『華僑華人研究』1, 日本華僑華人學會.

中華民國僑務委員會駐韓國代表處僑務組 홈페이지(www.ocac.gov.tw).

慕德政,「朝鮮華僑教育的歷史回顧」,『華僑華人歷史研究』2001年12月第4期, 2001.12.

이정희(2007.9),「중일전쟁과 조선화교: 조선의 화교소학교를 중심으로」,『중국근현대사연구』39, 한국중국근현대사학회,

李正熙(2010.3),「南京國民政府期の朝鮮における華僑小學校の實態: 朝鮮總督府の'排日'教科書取り締まりを中心に」,『現代中國研究』26, 中國現代史研究會,

왕언메이 저·송승석 역(2013),『동아시아 현대사 속의 한국화교: 냉전체제와 조국의식』, 학고방.

王永貴(前中國駐朝鮮淸津總領事, 2013.6~10),「朝鮮記憶(1~5): 記旅居朝鮮華僑的崢嶸歲月」,『僑園』總第156~160期.

宋伍强(2016.3),「改革開放初期朝鮮華僑歸國問題研究」,『華僑華人歷史研究』2016年3月第1期.

12

旅韓中華基督教聯合會(2002),『旅韓中華基督教九十週年紀念特刊』, 旅韓中華基督教聯合會.

이혜원(2018.5.12.),「화교 개신교인 건축청부업자의 한국 근대 미션계 건축시공 활동: 서울지역의 해리 장과 왕공온을 중심으로」, 한국기독교역사학회 제367회 학술발표회 논문.

이정희(2018.5.19.),「한국화교의 민간신앙 연구: 거선당과 의선당을 중심으로」,『2018년 중국해양대학 국제학술회의: 동아시아 역내 이주와 일상의 공간들』, 청도 중국해양대학.

이혜원(2018.9),「재한 구미 선교사의 조선중화기독교회 사역에 대한 일 고찰: 1902-1937년 각 선교부 공의회의 활동을 중심으로」,『한국기독교와 역사』49, 한국기독교역사학회.

13

〈민국국민연회〉,《매일신보》, 1912.7.4.

〈지나인구국연〉,《매일신보》, 1912.7.5.

〈국민연〉,《매일신보》, 1912.7.7.

朝鮮總督府(1994),「第84回 法務局 帝國議會說明資料」,『朝鮮總督府 帝國議會說明資料 第8卷』(복각판), 不二出版.

왕언메이 저·송승석 역(2013),『동아시아

현대사 속의 한국화교: 냉전체제와 조국
의식』, 학고방.

이정희(2017.6), 「중일전쟁 시기 조선화
교의 항일활동」, 『동양사학연구』139, 동
양사학회.

이정희(2018.6.16.), 「중일전쟁 시기 범
한생 주경성중화민국 총영사의 친일활
동」, 제3회 한국화교화인연구회 발표회,
서울중국인교회.

14

李正熙·金桂淵·崔孝先(2007.1), 「韓國
社會の韓國華僑に對する差別に關す
る歷史的考察」, 『京都創成大學紀要』
7, 京都創成大學成美學會.

李正熙(2012), 「補論Ⅰ 1931年排華事
件の近因と遠因」, 『朝鮮華僑と近代東
アジア』, 京都大學學術出版社.

이정희(2016.6), 「1927년 조선화교배척
사건의 경위와 실태: 인천화교배척사건
을 중심으로」, 『동양사학연구』135, 동양
사학회.

왕언메이 저·송승석 역(2013), 『동아시아
현대사 속의 한국화교: 냉전체제와 조국
의식』, 학고방.

15

譚璐美·劉傑(2008), 『新華僑 老華僑:
變容する日本の中國人社會』, 文藝春
秋.

吉田忠則(2009), 『見えざる隣人: 中國
人と日本社會』, 日本經濟新聞出版社.

최황규(2015), 『황하의 물결』, 홍성사.

박우(2017.2), 「재한'조선족'집거지 사업
가에 대한 사회학적 연구: 시민(권)적 지
위와 계급적 지위의 상호작용을 중심으
로」, 서울대학교박사학위논문

이정희(2017.8.14.), 「한중수교 이후 한국
화교 사회의 변화(1992-2017)」, 『한중수
교25주년 국제학술회의』, 현대중국학회.

김용선(2017.12), 「대림동 중국동포타운
지역활성화 연구」, 한국외국어대학교 박
사학위논문.

부록1 . 중국 각 정부의 한반도 주재 외교대표기관 및 외교관

1. 청국 주조선 외교대표기관의 성명, 직함, 재임기간

진수당(陳樹棠, 총판조선상무위원, 1883~1885)
원세개(袁世凱, 총리교섭통상사의, 1885~1894.7)
당소의(唐紹儀, 조선총상동, 1895~1896)
당소의(唐紹儀, 한성총영사, 1896~1898)
탕조현(湯肇賢, 대리한성총영사, 1898~1899)
서수붕(徐壽朋, 주한공사, 1898~1901)
허태신(許台身, 주한공사, 1901~1905.2)
증광전(曾廣銓, 주한공사, 1905.2~1906.2)
마정량(馬廷良, 주한총영사, 1906.2~1911)

2. 중화민국 주경성총영사의 성명 및 재임기간

마정량(馬廷良, 1912~1913)
부사영(富士英, 1913~1919)
왕홍연(王鴻年, 1919~1920)
마정량(馬廷良, 1920~1922)
료은도(廖恩燾, 1922~1924)
왕수선(王守善, 1924~1929)
장유성(張維城, 1929~1931)
노춘방(盧春芳, 1931~1934)
범한생(范漢生, 1934~1941)
임경우(林耕宇, 1941~1943)
마영발(馬永發, 1943~1944.5)
풍문웅(馮文雄, 1944.5~1945.8)

3. 대만 주한대사 및 주한대북대표의 성명 및 재임기간

류어만(劉馭萬, 주한성총영사, 1947.2~1948.9)

허소창(許紹昌, 주한성총영사, 1948.9~ ?)

소육린(邵毓麟, 주한대사, 1949.7.25.~1951.9.4.)

왕동원(王東原, 주한대사, 1951.10.2.~1961.2.1.)

류어만(劉馭萬, 주한대사, 1961.3.8.~1964.4.11.)

양서소(梁序昭, 주한대사, 1964.4.30.~1967.2.13.)

당내건(당종)(唐乃建(唐縱), 주한대사, 1967.2.22.~1970.9.18.)

라영덕(羅英德, 주한대사, 1970.9.27.~1975.2.20.)

주무송(朱撫松, 주한대사, 1975.3.10.~1979.8.18.)

정무시(丁懋時, 주한대사, 1979.8.30.~1982.12.31.)

설육기(薛毓麒, 주한대사, 1983.2.23.~1986.7.31.)

추견(鄒堅, 주한대사, 1986.8.20.~1990.9.7.)

김수기(金樹基, 주한대사, 1990.9.18.~1992.8.24.)

임존현(林尊賢, 주한대북대표, 1994.1.24.~2001.5.22.)

이종유(李宗儒, 주한대북대표, 2001.5.20.~2003.5.20.)

이재방(李在方, 주한대북대표, 2003.5.25.~2006.6.10.)

진영작(陣永綽, 주한대북대표, 2006.6.14.~2010.6.30.)

양영빈(梁英斌, 주한대북대표, 2010.9.6~2014.5)

석정(石定, 주한대북대표, 2014.7~현재)

4. 중화인민공화국 주한대사의 성명 및 재임기간

장정연(張庭延, 1992~1998)

무대위(武大偉, 1998.4~2001.11)

이빈(李濱, 2001~2005.8)

영부괴(寧賦魁, 2005.9~2008.10)

정영화(程永華, 2008.10~2010.1)

장흠삼(張鑫森, 2010.3~2013)

구국홍(邱國洪, 2014.4~현재)

5. 중화인민공화국 주북한대사의 성명 및 재임기간

아지량(兒志亮, 1950.8~1952.3)

반자력(潘自力, 1955.1~1956.2)

교효광(喬曉光, 1956.4~1961.7)

학덕청(郝德青, 1961.8~1965.11)

초약우(焦若愚, 1965.12~1970.3)

이운천(李雲川, 1970.3~1976.6)

여지선(呂志先, 1976.9~1982.2)

종극문(宗克文, 1982.8~1987.8)

온업담(溫業湛, 1987.10~1990.5)

정의(鄭義, 1990.6~1993.9)

교종회(喬宗淮, 1993.9~1997.3)

만영상(萬永祥, 1997.4~2000.3)

왕국장(王國章, 2000.4~2001.12)

무동화(武東和, 2001.12~2006.8)

류효명(劉曉明, 2006.9~2010.2)

류홍재(劉洪才, 2010.3~2015.2)

이진군(李進軍, 2015.3~현재)

※ <부록2. 한반도화교 연표>는 책의 맨 뒤에 별지의 형태로 삽지했습니다.

화교가 없는 나라

경계 밖에 선 한반도화교 137년의 기록

초판 1쇄 찍은날 2018년 10월 12일
초판 1쇄 펴낸날 2018년 10월 24일
지은이   이정희
펴낸이   한성봉
편집   안상준·하명성·이동현·조유나·박민지·최창문
디자인   전혜진·김현중
마케팅   박신용·강은혜
기획홍보   박연준
경영지원   국지연
펴낸곳   도서출판 동아시아
등록   1998년 3월 5일 제1998-000243호
주소   서울시 중구 소파로 131 [남산동3가 34-5]
페이스북   www.facebook.com/dongasiabooks
전자우편   dongasiabook@naver.com
블로그   blog.naver.com/dongasiabook
인스타그램   www.instagram.com/dongasiabook
전화   02) 757-9724, 5
팩스   02) 757-9726

ISBN   978-89-6262-247-8 03910

이 도서의 국립중앙도서관 출판예정도서목록(CIP)은
서지정보유통지원시스템 홈페이지(http://seoji.nl.go.kr)와
국가자료공동목록시스템(http://www.nl.go.kr/kolisnet)에서
이용하실 수 있습니다.(CIP제어번호: CIP2018031921)

이 저서는 2009년도 정부(교육과학기술부)의 재원으로
한국연구재단의 지원을 받아 수행된 연구임(NRF-2009-362-A00002).

만든 사람들

편집   박민지
크로스교열   안상준
디자인   전혜진
본문수정   윤수진